不惑以前

蔡凤◎著

湘潭大学出版社
XIANGTAN UNIVERSITY PRESS

谨以此书献给我1403301班可爱的学生们！

序

我一直很相信文字的力量，好的词句、文章总能在阅读间无声地赋予人感悟与力量。年少的时候，我像很多青春期的少女一样有过一个作家梦，然而读的书太少，梦也就一直是个梦而已。

年过四十以后，觉得日子过得又慢又快。慢是因为上有老下有小，本职工作催人老，中年人负重而行的生活状态自然会让日子过得有些煎熬难耐；快是因为人生过半，回首来时路，感叹岁月如梭、韶光易逝。

两个月前，我第一次去理发店染发。以往将头发剪短留长、拉直卷曲都有过，唯独染发是我做头发的底线，之前从未尝试过。奈何一簇簇惹眼的白夹杂在黑里，让人老态顿生，心底还残存的一点爱美之心，便逼着自己去做一下形象管理。

我属相鸡，星座天秤。平常除了给两个儿子写一下日记，记录一下日常，做做饭，没有什么其他兴趣爱好。不爱运动，比较宅；爱喝咖啡，不加糖。

每年寒暑假，借着带儿子见世面、长知识的由头，自己也跟着出去走走。我们到过广东、广西、贵州、江西、浙江、上海、江苏、北京、湖北、河南、陕西、安徽、山东。以后还想去更多的地方，看祖国大好河山，看世界万千景象。

在我四十岁零四个月的时候，在过去几乎能当奶奶的年纪，我练了个“小号”——生了个二胎，从此把新手妈妈的那一套工作流程又重复一遍。

……

这本小册子里的文章就像我上面这些文字一样絮絮叨叨、琐碎。其实拿出来结集出版，我是惴惴不安、心虚不已的。可是转念一想，四十以前是青春，我只是想为自己的前半生留个纪念，想向这个世界证明我来过。也许每个人纪念的方式不同，而我选择了这样一种方式罢了。

四十岁是一个很奇妙的年龄，我们会感叹青春不再却从未真正燃烧过，会不甘老去但身体渐衰，日薄西山之势不可逆。曾经，那些年少时的轻狂与执着，像夏日里的一场骤雨，来得猛烈，去得也快。但正是这些看似徒劳的追逐，塑造了我们的筋骨，丰盈了我们的灵魂。每一个不眠的夜晚，每一次心碎的瞬间，都是刻在我们生命里的独特纹路。时光沉淀，那些曾经的困惑与迷茫，渐渐显露出它们存在的意义，换来了如今四十岁人生路上更加从容坚定的步伐。

这本小册子，是我站在此时的人生节点上，对生命的一次深情回望。这些文字不够完美，但是每一段都是我对那时那刻、那情那景的有感而发，碎碎念里，无意识地记录了我生活的点点滴滴。总的来说，我的青春里，有酒、有歌，有工作、有远方，有亲人、有朋友，还收获了爱情和家庭；困惑与觉醒、失去与获得、泪水与欢笑，交织缠绵，蜿蜒出一道道生命褶皱，拼凑了一个有血有肉的我。

一切，都很好。

感恩过往，期待未来。

小菜无盐

2025 年 2 月 18 日于益阳

目　录

原来的我

今天跟同事席聊天，说到一些我们刚进现在这所学校的事情。我跟她是同一年进这所学校外语系教书的，那个时候学校还没有搬到市区（现在的新校区位置也挺偏的，不算在市中心位置），还在偏远的乡村地带。刚进来时，学校连个职工宿舍都没有，新老师们都是三个或四个人一起，挤在学校的招待所里。当时跟我住在同一间房的就有席和另外一位大英部的田老师。

我不记得第一次上讲台的具体情景了，我想肯定是很紧张的，毕竟刚毕业的我要面对那么多双热切的眼睛，压力很大。我一上岗就教大三的第二外语，没有缓冲时间，这也大大锻炼了我自己，让我快速地进入了状态。而其他老师都因为新生军训可以休息一个月再上课，能在新环境里有个很好的过渡期。

我每天提着教案和课本往返于教室与招待所，很专注地备课、上课，一个星期需要上二十节课。那个时候的我甚至是连走路时都在想备课的事情，以至于席后来跟我说，那个时候虽然和我同住一个房间，但她跟田都不敢跟我说话，因为我看上去太安静，话不多，感觉我应该不是一个很好说话的人。除此之外，她对我的印象就是“这个女生太瘦了”。听完她讲的，我回忆起了许多，那个时候我刚从学校毕业，立刻到了社会上谋生，什么东西都不懂，什么事情都要自己去摸索，身边没有一个可以说话的朋友，不管是遇到什么困难都要自己去解决。不敢告诉家人们我遇到的困难，一是他们不在我身边，也帮不到我；二是不想让他们担心。就这样默默地挺过一个学期，因为压力和高强度的工作，我也一点一点地瘦下去，那阵子唯一欣慰的事情就是穿以前的衣服感觉很宽松，能穿很多美衣。

今天跟席说起这些事情感觉好像是很久很久之前的事，可其实也就是三年多而已。再看看现在的自己，再也不是刚毕业时的蠢笨丫头，跟席她们也成了无话不谈的好朋友。她们再也不会说我是个难靠近的人，我也再不是会因为感情或工作上的一点点挫折或打击就流泪的小女生，甚至在我身上能用上“坚强”二字，能明白“流泪不能解决问题”这个道理，对我来说是一件太好的事情。

回想起刚毕业参加工作时的那段日子，仿佛就在昨天，却又仿佛是另一个世界。那时候的我，怀揣着对未来的憧憬和忐忑，踏入了社会的门槛，却发现自己像是被抛入了一个陌生的海洋，没有坚实的船舶，也看不到指明方向的灯塔。

刚毕业的我，对一切都感到陌生和害怕。身边没有了熟悉的校园环境，没有了可以倾诉的同学和老师，只有陌生的同事和繁重的工作。每天，我都在努力适应新的角色，努力让自己看起来像个成熟的教师，但内心却常常感到迷茫和无助。那时候的我，常常在深夜里独自思考，自己选择的这条路是否正确？未来的日子又会是怎样？每一次的自我怀疑，都像是在黑暗中摸索前行的脚步，小心翼翼，却又不得不继续前行。

然而，随着时间的推移，我渐渐发现，生活并没有我想象中的那么可怕。每一个困难，每一次挫折，其实都是成长的契机。就像那些曾经让我感到压力很大的备课和上课，如今却成了展示自我的舞台，让我更加自洽，在不断地学习过程中，倒觉得曾经的苦和孤独也不算什么了。那些曾经让我觉得难以承受的工作强度，如今却让我变得更加坚韧和高效。我开始明白，生活不会因为我们的恐惧而停下脚步，也不会因为我们的迷茫而改变方向。我们能做的，只有勇敢地面对它，用努力和汗水去书写属于自己的篇章。时间让我成长，让我变得更加坚强和自信。而我对未来的向往，也让我更加珍惜现在的每一分每一秒。我相信，只要我努力，只要我坚持，未来的日子一定会更加美好。

现在的我，已经不再害怕未知的未来。我开始享受每一个充实的日子，享受每一次与学生的交流，享受每一次与同事的合作。我知道，未来的路还很长，还会有很多挑战等着我，但我已经不再害怕。因为我相信，只要我坚持不懈，只要我勇敢地迈出每一步，未来一定会更加美好。我对未来充满了向往。希望自己能够在工作中不断进步，成为一个更加优秀的教师，用知识和爱去影响更多的学生。希望自己能够在生活中找到更多的乐趣，结交更多的朋友，让自己的生活更加丰富多彩。我更希望，无论未来的路有多么坎坷，我都能保持一颗积极向上的心，用微笑去面对生活中的每一个挑战。

时间真的是一个很奇怪的东西，让一个人这么强烈地感觉到自己的成长。不管原来的我做过多么愚蠢的事情，犯过多么严重的错误，受过多少令人伤心的疼痛，现在回想起来，除了感谢，感谢所有这一切使我成长，再无他言。

2007 年 3 月 30 日

借咖啡催眠

凌晨两点多，也许是咖啡的原因，我翻来覆去总是无法入睡，只好起来。不知道自己能干点啥，慢慢悠悠走到书桌边，凌乱的桌面放着一个杯子，里面的雀巢速溶咖啡早已经饮尽，但在这寂静的夜晚，仍然飘散着咖啡特有的香气，缠缠绵绵丝丝袅袅，弥漫在整个房间，钻入每一个毛孔，人也愈加清醒了。

饮咖啡的习惯已经戒了近一年，只是最近又开始喝起速溶咖啡来。喝速溶咖啡，我喜欢用一次性纸杯，撕开包装，将咖啡倒入，看着杯子里黑白相间的粉末，随着热水旋转翻滚，二者很快混合成一体，香醇美好，觉得生活也这样就好了：简单，明了，连它的味道也在开水冲入后无甚变化，兀自保留着它原始的气息，不浓不淡，在十几平方米的宿舍内慢慢散开，没有卡布奇诺翻腾细腻的泡沫，没有炭烧的烟火氤氲，就那样在黑郁的底色里漂着一丝白。喝一口，不会让你有将它的味道放在嘴里慢慢咀嚼的冲动，不会让你有紧闭双眼回味浓郁的雅致心情，它就那样简单直接地撞击你的味蕾，但并不在喉间停留；流入胃内，也不会给你的胃带来什么剧烈的冲击，甚至可以说，它是温柔的。这咖啡的香味，也是温柔的。它没有那种浓烈到让人窒息的气味，却能在不经意间钻进你的鼻腔，让你的整个世界都变得香醇起来。我坐在桌前，看着窗外的夜色，心里想着这生活，也像这杯咖啡，简单却又深邃。白天的忙碌让我无暇顾及其他，只有在这深夜里，我才能静下心来，好好地和自己对话。喝完第一口，接下来的也就是一口一口地喝下去，不带任何欣赏情绪，直到杯子见底——速溶似乎永远不会成为一种能让人欣赏回味的咖啡。

咖啡是良性的“兴奋剂”，可对于现在的我来说，却成了工作的“催眠药”。每次拿起速溶咖啡，看着它在杯中舞动，我的心情也跟着起伏。生活就像这速溶咖啡，简单质朴却暗藏力量。我现在的生活很简单，备课、上课、按时完成领导交代的任务。此外，我把大半部分时间留给写论文和写作，都是些费脑力的劳动，速溶咖啡成了我的避风港。对我来说，它不仅仅是一种饮品，更像是我的老朋友。它陪着我度过了无数个加班的夜晚，陪着我在这小小的宿舍里，感受生活的酸甜苦辣。每次喝它的时候，我都会想起刚毕业那会儿，初入职场的懵懂和迷茫。那时候的我，就像这杯咖啡，虽然简单，却有着一股不服输的劲儿。我努力地适应着新环境，努力地让自己变得更好，就像这咖啡，虽然没有复杂的冲泡过程，却有着独特的魅力。正因为它的直接、简单，我更加钟爱它，因为这样的简单正是我要的 —— 提神，让我精力充沛地工作。它没有花哨的冲泡仪式，却能迅速提神醒脑，让我在疲惫时重拾专注。

现在想想，生活其实不需要那么多花哨的东西。就像这速溶咖啡，它没有那些精致的拉花，也没有复杂的口味层次，但它却能让我在疲惫的时候重新振作起来。它让我明白，简单也是一种力量，一种能让我在忙碌中找到平静的力量。有时候，我甚至觉得这咖啡的香味就像是生活的味道，淡淡的，却能让人回味无穷。它陪伴我走过无数个日夜，见证着我对知识的探索、对工作的执着。虽然它不如精品咖啡那般醇厚复杂，却有着契合我当下生活节奏的独特魅力。深夜里，我一个人对着这杯咖啡，思绪就像这咖啡的香气一样，飘得很远很远。我想起了那些曾经让我头疼的工作难题，想起了那些让我感到温暖的瞬间，也想起了那些让我对未来充满期待的梦想。虽然现在的生活很简单，甚至有些单调，但我知道，正是这些简单的日子，构成了我丰富多彩的人生。

我又冲泡了一杯速溶咖啡，轻轻地抿了一口，让它在舌尖上慢慢化开。这味道，就像我的生活，虽然简单，却有着属于自己的味道。我看着窗外的夜空，心里默默地说：“生活啊，就像这杯咖啡，虽然有时候会让人失眠，但只要用心去品味，就会发现它的美好。”它提醒我，生活不必处处追求精致，有时候，简单纯粹才是面对忙碌的最好方式。在这简简单单的冲泡与饮用间，我品出了生活的真味，那是为梦想拼搏、脚踏实地前行的笃定，未来或许艰难，但有速溶咖啡相伴，我定能从容应对。

凌晨，清醒着，活跃在我 QQ 好友栏的也就我自己而已。我在心底默念着那些灰色的好友之名，祝你们夜无虚梦、晨起心晴！

2007 年 4 月 14 日

农家乐

班上的学生们已经策划很久要出去春游的事，计划的最后结果是到“锦绣江南生态园”烧烤！作为班主任，系里要求跟着学生一同出游，以确保他们的安全，我也很想参与孩子们的课余生活，拉近与他们的感情。

到达农家乐的时候，太阳已经高高地挂在天空中，阳光洒在大地上，显得格外耀眼。我原本对这次农家乐活动并没有太多期待，甚至在心里还带着一点小小的抵触情绪。我之前也去过两个农家乐之类的地方，除了环境、空气比市区要好很多，其他的娱乐设施都是空有其表，并不能给人实际的益处，往往是大家去了都不知道做什么。所谓的休闲，就是在无聊中度过，并不觉得是什么有益身心的活动。不就是那种到处都是刻意复刻的乡土气装饰、复古风设施，还有那些千篇一律的娱乐项目吗？所以，当车子停在农家乐的大门口，我一下车，看到眼前的一切，那种刻板印象就更加深刻了。这个地方虽然面积不小，但植被绿化真的不如别处，给人一种杂乱无章的感觉。我放下手中的东西，正准备找个地方坐下休息，学生们却像一群欢快的小鸟一样，一下子围了上来，拉着我的手就往里走，非得让我和他们一起参观不可。

不看不知道，一看才发现这里面的名堂可多啦！最惹眼的是一个由四季青构成的迷宫，号称有 1068 米，光是听着这个数字，就让人觉得有点头皮发麻。刚进去的时候，还觉得挺有意思，但没走几步，就完全迷失了方向。我们像是无头苍蝇一样，在迷宫里乱转，一会儿往左，一会儿往右，完全不知道该往哪里走。此时，那些好奇心、新鲜劲已经荡然无存了。幸好有在外围的学生纵览全局给我们指点迷津，终于走了出来。在出口处看见几个硕大的红字“恭喜您否极泰来”，那一刻，我感觉心情一下子舒畅了许多。虽然这个迷宫算是一个益智类的游戏，但在外围学生的“辅助”下，其实也算不上什么高难度的挑战。接下来的项目，才是真正考验人的体力和毅力的。比如“人生无坦途，唯有万向”，模拟攀岩、过渔网、走“泸定桥”等。

我平时很少主动运动，如果可以免去这些项目，那对我来说简直是再好不过了。但看着学生们一个个跃跃欲试的样子，我也不好意思扫他们的兴，只能硬着头皮跟着一起上。我本以为这些项目会难倒不少同学，但没想到，这个班的学生一个个都是超级活跃分子。那攀岩的岩壁足有十几米高，看起来让人有点发怵，但班上一个瘦瘦弱弱的女孩子却像一只敏捷的小猴子，三两下就爬了上去，其他男生更是不在话下，几秒钟就轻松搞定。我站在下面，看得目瞪口呆，心里忍不住感叹：年轻真好啊！

更让我惊讶的是，这些学生不仅不打退堂鼓，还总想着在游戏里增加难度。尤其是过“泸定桥”的时候，那座桥架在几十米宽的池塘上，桥面只是简单地搭着几块木板，两边只有两根绳索，走在上面晃晃悠悠的，本来就让人心里发慌。等到过桥的人走到中间，进退两难之时，“坏心眼”的家伙居然在两头拼命地摇晃起桥来，桥上的人有的镇静自若，有的则吓得哇哇大叫。我也在桥上，虽为了保持老师的面子不敢乱叫，怕叫学生们看我笑话，但脚底和心里都已经虚得不行，只得紧紧地抓住绳索，不敢迈步，等到摇晃的人累了，我才赶紧往前走。这样走走停停，好不容易才走到对岸。当我的脚终于踩到坚实的地面时，那种踏实的感觉真是无法用语言来形容，原来脚踏实地的感觉是如此的美好！不过，后来在玩过其他项目之后，我又走了一遍这个“泸定桥”。虽然两头的人依然在摇晃，但我发现自己居然一点都不害怕了。我还能告诉别人不掉到水里的窍门：跟着摇晃的桥一起摇晃，只要手抓紧，就不会掉下去。那一刻，我突然发现，跟这帮家伙在一起，我的胆子都变大了很多。他们那种乐观、勇敢、不服输的精神，仿佛也传染给了我，让我在不知不觉中变得更加自信和勇敢。

因为学生们的热情邀请，几乎所有的项目我都参与，并且顺利通关，唯独攀岩让我冒汗不止，这个对我来说实在是太难了。攀岩墙高耸陡峭，对于初次尝试的我来说，着实是个不小的挑战。站在岩壁下，我抬头仰望，心中不禁升起一丝畏惧。这时，学生都给我加油打气，鼓励我说："别怕，相信自己，一步一步来。"在他们的鼓舞下，我深吸一口气，开始攀爬。每攀爬一步，我都能感受到学生们热切的目光和传达给我的无穷力量，这让我勇气倍增，更加努力地往上攀爬。当我历经艰辛，终于到达顶端的那一刻，一种前所未有的成就感和自豪感涌上心头。我战胜的不仅是眼前的一堵墙，更是自己内心的恐惧。

运动告一段落，中午进行的烧烤，四个组做的味道都极好，尤其其中一个组是一位男生在做"主厨"，从头到尾一直都兢兢业业地为大家做饭、烧烤，而且有模有样，真是看不出来一向大大咧咧的他居然有这么好的厨艺！

这次农家乐之旅，让我对这类活动的刻板印象彻底改变了。虽然一开始这里并没有给我太多惊喜，但当我真正融入其中，和学生们一起玩耍、一起挑战的时候，我发现这里其实充满了乐趣和挑战。更重要的是，我从这些年轻人身上学到了很多东西，比如勇敢面对困难的勇气、乐观积极的态度，还有那种永不言败的精神。这些，都让我受益匪浅。今天虽然身体很累，但玩得太尽兴了，感谢我可爱的学生们！

2007 年 4 月 24 日

坐在摇摇晃晃的公交车里

今天周六，上午无事，我却没有像往常那样赖床，而是早早地起来，梳洗完毕，骑着自行车在校园内觅食。今天的天气真好，前两天的雨让校园干净不少。今天的阳光不太强烈，不是晴空烈日的征兆。在一段缓缓的下坡路，我让自行车自动滑行，徐徐的晨风迎面吹来。此时的校园行人也不多。我闭上眼睛，任由自行车滑下去、滑下去，那种感觉仿佛自己已不再置身尘世，没有一点点负担、杂念，像是这个大大的宇宙就只包容着一个小小的我，自由、安静。

游荡了一整个早晨，然后坐 23 路公交车到市里邮寄资料，上车后才发现记错了邮局营业时间，可是车已开动，索性就将 23 路公交车坐到底，来个益阳市 23 路公交车游！23 路公交车的路线大概是市内所有公交车中最复杂的一条了。从箴言中学开到火车站，坐出租车也就十分钟的路程。可 23 路公交车偏偏要七拐八拐，硬是走了一个小时，途经偏僻的市郊，葱绿的农田，喧闹的市区。在公交车里，我见到了放假返乡的学生、晨练的老人、去逛街的女孩、买菜的主妇、撒娇的小童…… 然而，我看到的更多是公交车外的人和事。这趟往返近两个小时的公交车游，让我感觉，自己虽然是半个益阳人，虽然来了益阳市四年，也经常往返市区和学校，也能说出几条街道名，但我却没有真正融入过这个城市。我往日的市区之行通常是直奔目的地，买些日常用品，或是在几条主要的步行街逛逛。可今天这无意的市区之旅，让我看到了益阳这座城市所真正包裹的生活：在郊外，破旧的楼房，邋遢的垃圾场，杂草丛生的小区，路边稀稀拉拉的面点摊，飞舞的尘土，待开发的荒地。市区与郊外其实没有什么严格的地理界线。市区也说不上繁华，但区别仍是一目了然，街上小汽车、公交车、摩托车川流不息，各商铺已经早早地开门营业，路边的早点摊数不胜数，还有挑着小担卖菜的菜农占满了街道的两旁，秩序有点乱，尤其在大桃路，23 路公交车在那里堵了近十分钟。一路上还看到很多横幅标语，都是关于某某店铺开张或是某某活动的宣传。没有高楼大厦鳞次栉比，看不出什么现代感，唯有各个建成或建造中的楼盘广告语与各大型城市有接轨的痕迹。

然而，正是这种未经雕琢的风貌，才构成了益阳这座小城最质朴、最本真的模样。事实上，我有点被这个城市的真实、世俗、忙乱感动。我困在大学的小井里太久，所见的人和事过于简单纯粹，可这大千世界毕竟不是一方小天地的人与事能概括的。这些我在逝去的日子里从未瞥见也没在意的市井生活，分明是我过往盲目赶路时忽略了的美好。跟着 23 路公交车晃晃悠悠，我开始重新打量益阳。在喧闹的街市，小贩扯着嗓子揽客，嗓音沙哑却透着股子热情；菜农蹲在街头，脸被岁月刻出道道沟壑，那憨厚笑容里写满生活的踏实；瞧，这边麻将馆传来阵阵欢笑声，三五老友捉对厮杀；那边小卖部前，孩子们争抢着刚到货的零食，欢声笑语溢出门外。不似大城市车水马龙的忙碌，益阳的热闹里裹着邻里烟火。坐看窗外风景渐变，我心里五味杂陈。益阳的美好恰似这 23 路公交车的全程，有泥泞坑洼，有蓬勃朝气。它不似诗和远方那般遥不可及，它就在身边，实实在在发生着，藏匿于街巷里弄、烟火日常。过去的几年，我裹挟在忙忙碌碌的工作里，全然没有在意过这座城市真正的心跳之声。如今无意间感受到它的跳动，我才惊觉，这座小城的每一个隐秘角落都值得自己去探寻，挖掘出那些带着人间烟火气的故事，慢慢感受它的成长。用双脚丈量每一寸土地，用真心拥抱每一处温暖，也许只有这样，我才能在这片土地上扎根更深，在未来的日子里，成为益阳故事里浓墨重彩的书写者之一。

我坐在摇摇晃晃的公交车里，看着街头忙忙碌碌的人群，听着方言交织的喧闹，感受着豆浆、油条、米豆腐的香气。感觉这座城市就是一个巨大的舞台，每个人都是演员，都在为了生活而努力演绎着自己的角色，有成功，有失败，有喜悦，有泪水。这一幕幕，一场场，绘就了这座城市最真实的面貌，而这就是它最吸引人的地方。

我坐在摇摇晃晃的公交车里，感受到了一座城市的脉搏，市井世俗，忙碌喧嚣，却又那么真实，那么有活力，让我对这人间有了新的认知。

2007 年 7 月 14 日

樱桃酒

我不是酒徒，但我一直觉得，喝酒是件很浪漫的事。

记忆中第一次喝酒，是成年以后跟玩得最好的闺蜜一起。寂静的深夜，在小镇一条不太宽阔的马路边，我们坐在夜宵摊老板临时支起的帐篷里，桌子上放着啤酒。那天晚上下着细雨，纷纷扬扬的雨丝钻进帐篷，飘落在桌上、椅上，还有我们身上。闺蜜身体不舒服，我只要了一瓶啤酒，她看着我一个人喝。我们身处不同的城市，难得一聚，都掏心掏肺地讲了很多话，絮絮叨叨牵扯出一些伤心往事。那个时候的我，心情极为低落，感觉前途一片渺茫。年轻的心，想不到具体应该担忧的事情，只是光想想眼前的分离、不明的未来，就平白无故地生出一份惆怅来。不知道那天有没有流泪，只记得那瓶酒被我一个人喝光……

大学的最后两年算是喝酒最“凶”的岁月，那时候，大学生活已经过得得心应手，同一个寝室的室友都已混熟，生日、拿奖学金日、节日等，都能成为去附近大学美食街喝一杯的由头。寝室里十个女生的酒量都很一般，但是年少轻狂，酒量不行也要演出酒神的姿态，总是叫嚣得厉害：“来，喝酒去！”我往往是叫嚣得最厉害的，所以在别人心目中就塑造了一个很能喝酒的形象。然而我状态最好的时候，也只能勉强灌下三四杯啤酒而已。好在我们十个人都有自知之明，不会挑战自己的极限，哪怕是吃毕业散伙饭的时候都没有放手一搏。

大学毕业后，同学、朋友疏于联络，更没了志同道合能一起喝酒的同志。毕业后的第一个暑假，我被狗咬到差点毁容，打了狂犬疫苗，医生说了要禁酒。再后来就是到了现在工作的这个单位，喝酒就已经变成是一件奢侈的事情。只在年终的聚餐上和朋友们喝过几杯，却也多用茶水代替了。酒量估计也是在这样的状态下一点点退步，直至生完一场病后到了滴酒不能沾的程度。那个时候也不知道是什么病，背部脊梁处无缘无故地疼，疼到半夜在床上打滚，一天只睡两三个小时。医生们也查不出来原因，各家医院说辞不一，只是胡乱地开些药给我吃，我也就胡乱地吃药、打针，也不请假，每周二十节课一直扛着。吃到过敏浑身肿起来后就不吃了。停药后身体一点一点地恢复，精神状态也一点一点变好。这一场折磨过后，似乎一切都没有什么变化，唯独酒是一滴也不能沾了。酒量已经是退化到了一口酒下肚立马上头的不堪程度。从此以后，每有人提议喝酒，就说不能喝。其实是我戒了，再也不敢用酒精测试自己的身体。

今年八月，在一个朋友家里喝了近年来的第一杯啤酒，没有醉，只是头疼，倒在床上，疼到心伤。然后告诉自己：这酒，你还是不能喝的。

今年九月，我和席逛本市的一个葡萄山庄，庄里早就没了葡萄，只剩下葡萄架，但还有庄主自酿的葡萄酒。葡萄酒装在透明的塑料桶里，一桶有五六升的样子，很简易的包装。庄主用纸杯给我们每人倒了点试喝，就着纸杯浅浅地抿了一下，酒很甜。我们两个商量着要不要每人提一桶回去，可两个都不是好酒的人，最终还是放弃了。

今年十月，就在今天，我跟席逛超市，她对货架上新摆放的樱桃酒兴趣很浓，就买了一瓶回家，两人兴高采烈地对着这标着酒精度 5 度的小酒瓶，嘲笑自己是十足的酒鬼。能干的席想方设法打开了烦琐、牢固的酒瓶盖，酒香飘溢在她小小的厨房里，我们欢喜到不行，就倒了酒在杯子里，拿着杯子在房间里转了几圈，说是要让房间也闻闻这味道。我在心里想，这简单的人，在这一刻变成了世界上最美的人。我端着半杯樱桃酒，回到自己的宿舍，嘴里还是刚在席家里壮着胆子吞下半口樱桃酒后的味道。坐在桌前，看着纸杯里的酒，它红艳又浓烈，像是望着一个久未谋面的朋友，然后一饮而尽，等着酒精在自己的身体里游走——就像一个临刑的犯人在等待最后的裁决。

疼痛从头部右侧开始，隐隐地，并不强烈，渐渐蔓延到整个头盖骨。然后一点一点地渐渐消逝，整个过程已不如先前那样剧烈、凶猛。我想，要么是这樱桃酒不够浓烈，要么，就是我在与那一纸杯的樱桃酒相视时，它认出了我是它多年前的朋友。

2007 年 10 月 10 日

在网络瘫痪的日子里

学校网络因未知的原因瘫痪了八天，也让我们这些所谓的现代人有机会尝到了没有互联网的滋味：

有互联网的日子，熟人见面第一句话：“你吃了没?”没有互联网的日子，第一句话是：“能上网了吗?”

有互联网的日子，起床后第一件事是按电脑的启动键；没有互联网的日子，起床后第一件事是尝试连接网络。

有互联网的日子，晚上的休闲时光交给了网络电视或者游戏；没有互联网的日子，在房间里踱着方步来回走无数趟，把时间留给无用的抱怨：“咋还不能上网呢?”

有互联网的日子，跟你说话的是QQ上闪动的头像；没有互联网的日子，跟你说话的是会眨巴眼睛的笑脸。

有互联网的日子，每日三餐都在电脑前咽下不知其味的快餐；没有互联网的日子，吃下的至少知道是青菜还是青虫。

有互联网的日子，每天墙上的电表都运作到深夜；没有互联网的日子，照镜子的时候会吓自己一跳：“咦，这美女（帅哥）是哪儿来的，皮肤这么好?”

有互联网的日子，书架上满架的书蒙着厚厚的灰尘睡觉；没有互联网的日子，书架上的小人书都快被翻烂了。

……

2007 年 11 月 5 日

写在 2008 年的第一天

2008 年的第一天，凌晨三点，我仍旧抱着文学资料猛啃，为的是应付马上要进行的一场考试。一直看到两眼发黑，终究是挺不住了，爬上床睡到十点才起来。将一堆脏乱衣物塞到洗衣机里，抓起拖把将房间拖了两遍，之后开始给哥哥打电话。跟哥哥说话是自己最放松的时刻，跟他说话可以很放肆。我们不经常通电话，但是不管隔多久，总是很亲切，血缘这东西真的很奇妙。

我们聊了很多，他的工作，我的工作，嫂子，妈妈，爸爸，还有我仍旧看不到踪影的男朋友。我问哥哥我到底应该找一个什么样的人，他说他也不知道，大概对我很好的就可以了吧。我心想，若能找到一个对我能像我哥哥对我嫂子那么好的人，就心满意足了。两个人不离不弃，生活不是很富裕，但是知温饱而享“小安乐”，这样的日子真的就是我梦想中的幸福生活。

一整天将自己关在家里，书却是看不进去了。即将到来的远行和考试让我有点紧张，甚至害怕。但仍旧一直给自己打气：你行的。每每遇到困难，我总是这样让自己变得坚强、理智，锻造了一副生活的盔甲，但是也让自己变得有些孤僻、生冷。沉思着过往的种种，我意识到，自己一直以来都像是在一条既定的轨道上奔跑，生活被工作、学习、考试这些目标所填满，节奏紧张而僵化，每一个日子都被安排得满满当当、忙忙碌碌。我为了抵达那个所谓的终点，拼命地向前冲，却很少停下脚步，去欣赏沿途的风景，去感受生活中的那些细微而美好的瞬间。回想起过去的岁月，为了追求所谓的进步和成功，我牺牲了太多与自己内心对话的时间，忽略了那些藏在生活缝隙里的微光。我仿佛迷失在了忙碌的喧嚣中，忘记了生活的本质是什么，也忘记了自己内心真正渴望的到底是什么。

此刻，我坚定地对自己说，考试之后，无论结果如何，成功也好，失败也罢，我都要让自己放松下来。人生的道路还很长，长到我有足够的时间去探索、去发现、去重新认识这个世界，也有足够的时间去追逐那些真正让我内心满足的东西。我不再想只是一味地向着终点奔跑，我想要放慢脚步，去用心感受生活中的每一个细节，去聆听那些被我忽略的声音，去品味那些被我遗忘的味道。

我想，生活不应该只是忙碌和奋斗，它还应该有诗意和远方。在这漫长的人生旅程中，我也想停下来，看看路边的繁花盛开，听听鸟儿的欢声歌唱，去感受阳光洒在脸上的温暖，去触摸微风拂过指尖的温柔。我想给自己一个机会，去重新审视自己的生活，去寻找那些真正能让我感到快乐和幸福的事物。

我深知，未来的道路不会一帆风顺，但我已经做好了准备，无论是风雨还是晴天，我都要以更加从容和豁达的心态去面对。我想要在这生活中找到属于自己的平衡，不再被焦虑和压力所束缚，不再让生活的重担压弯我的脊梁。我相信，只要我愿意去尝试，去改变，我就一定能在生活的这片广袤天地里，寻找到属于自己的那片宁静的港湾，那片充满诗意的栖居之所。

2008 年 1 月 1 日

那一日，没有手机

那天起来，手机已经因为没电而关机了。又急着出去买窗帘，于是没有带着手机出门。坐在公交车上，忐忑不安，这一关机，不知道会不会错过什么电话，错过什么重要的事。可能是因为这样的忐忑，也或许是因为阴霾的天气，心情变得异常沉重。车窗外的人流、车流、房屋、店铺，在我眼里都成了灰色，不见一丝生气。

手机是换了很多个了，记得以前很喜欢买新款，刚上市的手机很好看，也很贵。但是在第一部昂贵的摩托罗拉失窃后，还是狠狠心买了刚上市的迪比特 J6，那个时候的 2300 块钱，想想，对我来说也算是个巨大数字了。再后来用到迪比特 J6 键盘失灵、电池无法充电的时候，我终于放弃了所谓的“奢华”，转而追求经济与实用。于是在联通营业厅花 500 多块钱买了一个中兴黑白屏 CDMA 手机，还送话费。记得那个手机的话费打了大半年也不见停机，把手机送给表弟的时候还恋恋不舍。这期间给家里买了两台诺基亚，都是物美价廉的款。再后来就是现在这个直板机了，叫友利通，一个不大出名的牌子，仍旧是联通营业厅办活动的时候买的，交话费送手机。记得花了 900 多块钱的样子，然后拿回来一部手机、一张手机卡、一个水杯、一辆山地车、一幅益阳市地图，还有 600 多块钱话费，总之就是很值啦！主体白色，橙色的边框，支持 MP3、MP4 格式播放，有照相、录像、录音等功能，很喜欢，生平第一次买了个透明塑料手机套给它戴上，怕把它摔坏或是磨掉了漆。但后来发现手机套很累赘，不合我的脾性，索性不要，裸机至今。幸亏它还耐磨，要不然被我这样不心疼物什的人折腾这么久，早就报废了。

不知道它在家里好不好？有没有人打我的电话呢？

人真是很怕孤独的物种，怕自己寂寞的时候找不到人诉说，就发明出手机这玩意儿，让你可以在无聊的时候可以找人倾诉，诉说自己的难处和困扰。记得前阵子，在一个周末的下午，阳光灿烂，洒满了我的小阳台，我搬了凳子在那里晒太阳，晒着晒着就晒出寂寞来了，于是拿出手机，从电话簿的第一个名字开始，给那些现在大概可以接电话，又能跟我说上几句的人挨个打电话。第一个是妈妈，每次都是照旧的唠叨，问我吃了没啊，冷不冷啊，要给自己找个对象了啊……这样杂七杂八地听她老人家念叨了五分钟，然后就挂了。第二个是大学同学，聊了些上课教书的心得、经验，发了些小牢骚，还问到了另一个同学的号码。第三个当然是这“另一个同学”了，打过去，说是在跟老公看电视，聊了些她的宝宝及工作的事情，没说几句话就匆匆挂了。第四个是高中同学，跟老公在老家开了个不大不小的药店，当起了老板娘，可依旧是读书时候的那样孩子气，在电话里和我嗲声嗲气地说些玩笑话。她的丈夫也很疼她，也许这才是她能一直孩子气的原因吧。她听说我无聊到在打电话玩，直说我应该找个男朋友啦。听到这个话题，我只好找了个借口挂了电话。这男朋友可不是说找就能找到的。然后是小学、初中的好朋友，小时候一起抓螃蟹、“打老鼠”的搭子。现在在遥远的南方省份当起了包租婆，打电话的时候正跟人家搓麻将呢，轰隆声一片，仿佛是另一个世界，只好匆匆挂了。然后是另一个高中同学，在出差，在火车上，信号不好，听不清，挂了。最后是初中时的另一个同学，现在当起了饭店老板娘，接了我的电话，竟说要给我介绍对象。哎，算了，算了，不打了。打了很多个电话，可花的时间前后不到一个小时，尽说了些不要紧的话，可又有什么要紧的话要说呢？原本就是因为无聊而兴起的“电话粥”。

我把手机放家里哪个地方了？不知道预订的短信业务今天发来了没有？

下车后直奔批发市场，花了大约半个小时逛遍了桃花仑批发市场的大小店铺，买到了挂窗帘要用的窗帘、铁丝、钉子、夹子，以及其他所需物。想想好久没有到这里来逛街了，要不要再到附近看看呢？星期六和达芙妮的店好像就在这附近吧。哎，算了算了，还是赶紧回去吧！

不知道关机的这段时间有没有人找我，老妈不会打我电话了吧？上次停机她都快把我手机打爆了。我迅速坐车回到学校宿舍，充电开机，预订的短信今天也没有失信，发来了。再就是工作群里教务秘书发的一条工作短信。仅此而已。

我坐在床边，看着手机屏幕上那几条平淡无奇的信息，心里突然涌起一种说不清道不明的感觉。刚刚在外面的那两三个小时，因为没有手机，那种六神无主的焦虑感，像一块冰堵在喉咙口。我这才惊觉，原来没有信号格的世界，再怎么五彩缤纷，也会褪色成老照片。在没有手机的每一分每一秒里，每一次呼吸都带着一丝滞涩。这是一个人人被手机绑架的时代！

手机，这个时代的宠儿，早已悄无声息地融入了我们的生活，成为我们身体的延伸。它像一根无形的丝线，将我们与世界紧密相连，却又让我们在这张无形的网中越陷越深。我们习惯了通过它来获取信息、与人沟通、打发时间，甚至在某种程度上，它已经成为我们生活的一部分，仿佛失去了它，我们就失去了与外界的联系。

我想起小时候，那个没有手机的年代，生活仿佛是一幅悠然的水墨画。放学后，我会和小伙伴们在村子里嬉戏玩耍，直到天边的晚霞渐渐褪去，才依依不舍地回家。下巴上因为打闹追逐磕在石子上留下的伤疤，见证了那些童年的快乐时光。那时候，我们没有手机的束缚，生活简单而纯粹。而现在，手机成了我们生活中的主角。我想起了今天公交车上长时间大声讲电话的邻座阿姨，用手机玩俄罗斯方块的少年，还有“耳机一戴，谁都不爱”自在听歌的大学生——我们随时随地都被一根无形的绳系在手机上，离得这么近，却又那么远。

这种对手机的依赖，让我开始反思。我们到底为什么这么依赖手机？是因为害怕错过什么，还是因为我们害怕面对真实的自己？当我们沉浸在手机的虚拟世界里，不停地刷着社交媒体，不停地回复着消息，我们是不是也在不知不觉中失去了与自己对话的机会？我们是不是也在不知不觉中，把自己变得越来越忙碌，却越来越空虚？我们是否已经迷失在手机的世界里，忘记了生活本身的意义？

手机固然给我们带来了便利，但同时也让我们失去了很多。我们失去了与人面对面交流的机会，失去了感受生活细节的能力，甚至失去了内心的宁静。那些曾经触手可及的温暖与美好，似乎都被手机的屏幕隔绝在外。手机只是生活的工具，而不是生活的全部。我们不能让它成为束缚我们的枷锁，而应该学会掌控它，让它为我们的生活服务。只有这样，我们才能在这个快节奏的时代中，找到属于自己的宁静和幸福。

我放下手机，走到阳台上。我想，从今天开始，我会试着让自己的生活不再被手机绑架。我相信，只要我们愿意，我们一定能够在这个充满科技产品的时代，找到属于自己的生活方式，让生活变得更加美好。就像那被遗忘的旧照片，虽然褪色，却依然能唤起心底最温柔的回忆。

2008 年 4 月 15 日

《古文观止》

今天跟同事们出去玩，唱歌、吃饭，然后有人提议要去看电影，可惜电影院今天放映的是我已经看了两遍的《纳尼亚传奇 2》，所以就脱离了大队伍。

我一个人朝银行方向走，口袋里的钱已经没剩下多少了，想去取点。马路上正是下班高峰期的车水马龙，卷起夏日的热浪一波又一波地袭来，虽已是晚上七点多了，仍然觉得热气逼人。在马路边有很多小摊贩在那里摆些零碎东西卖，西红柿、苹果、莲子、西瓜什么的，还有挂个小牌子回收手机的，还有擦鞋的，还有一个摆旧书摊的。书摊上都是些旧书，也没有分门别类，历史、地理、文学等五花八门、应有尽有，随意地放满了一地。看的人倒是不多，有一两个大概是晚饭后出来散步的，在那里翻看，而书摊老板也不太在意自己的生意，自己拿了本什么书蹲在旁边的一个石头凳上看。也许是我太过无聊了，看他蹲着的模样，我很纳闷，他为什么不是坐在上面看，而是蹲在上面呢？总之，看他那闲适模样自有一番姜太公钓鱼的味道。我停下脚步，默默扫了一眼地下摊放的书，居然有《毛泽东语录》这样的小红本本，心想，要是买回去给爸爸妈妈看，一定能让他们顿感时光倒流，生出重回青年时代的欢欣感。其他书对我都没有什么吸引力，因为连是些什么书名我现在都已想不起来了。正准备走进旁边的银行时，我看到了那本《古文观止》。

我有买书看的习惯，不喜欢进图书馆，原因不明。所以去过很多书店，家里的书架上放着的《古文观止译注》是我七八年前从一个旧书店搜来的，已经破损了一些，且只买到下册。那是吉林人民出版社 1981 年出的版本，标价写的是“一元八角八分”。而现在地上摆的这个是上下完整的两册，岳麓书社 1984 年出版，上下两册定价分别不超过两块。我一直很喜欢这种旧旧的泛黄的书，觉得读它们有时光交错、恍若隔世之感。

我问老板这套书多少钱，“十块!”我快要笑出声来了！想当年我买那本下册的《古文观止译注》时，那个老板也要我十块，不过那个时候没什么钱，觉得有点贵。今时不同往日，物价上涨得厉害，且人心变化又大，像这样的一套书，即便是旧书，也怕很多老板会坐地起价，说这是什么绝版之作，买回去要成古董之类的，然后就狮子大张口地跟你开价。但这个可爱的书摊老板只要我十块钱，你说我不应该偷笑吗?!

我就这样又买了一回《古文观止》。回到家，我翻开新买的《古文观止》，旧书特有的纸香扑面而来。那些古人的智慧与才情，仿佛穿越时空，与我对话。我想起过往的岁月，那些在书店里流连淘书的晨昏，指尖拂过书脊时的磨砂感；那些在旧书堆里俯身寻宝的午后，还有翻动黄纸页时的沙沙声，都如同电影画面般在眼前浮现，每一帧都带着油墨的清香与时光的温度。那些被我淘回来放置在书架上的书，是我与过往的一次次邂逅，翻阅它们，就是一场场无需行囊的心灵远游。

2008 年 7 月 4 日

菜菜在上海

——开学

来上海半个月，我觉得自己几乎没有适应期，很快就进入状态，适应了这里的一切。吃住行的转变似乎对我都不是问题。住的地方离学校食堂有一定距离，但是附近有很多美食店。每天跟室友们一起出去觅食，能发现很多好吃的东西。吃得最多的就是这里的盖浇饭——在一个大碟子里装上米饭，然后把炒好的菜浇在上面，菜一般是清淡的，甚至有一点甜，黏糊糊的，有些勾芡的痕迹，这对于吃惯了咸辣湘菜的我来说应该是一大挑战，可是每每我都吃得精光。嗯，看来不挑食也是有好处的，走到哪儿都能吃得习惯。

宿舍并不在校园里，甚至去学校还要走上一二十分钟，是一个新建起来的学生公寓区。我们在二期，里面的配备很简单，一个上下层的铁床，下面是衣柜，上面就是床铺，挨着床是个两米高带书架的书桌，设计成电脑桌的样子，可以放置台式机；有个吊在天花板上的摇头晃脑的风扇，但风永远也吹不到我的一号床。我住 7 楼，但洗澡间在 1 楼，每天爬上爬下的好几趟算是对极少运动的我一个小小惩罚；这里远离市中心，绿化也搞得很好，所以虫虫比较多，尤其是围绕着宿舍区还有一条学生河天天在“哗哗”地流，更是滋生蚊虫的好地方，所以我们每天都要在如何对付飞进来的昆虫们这个问题上作一番思考：杀，或不杀，这是个问题！

上海外国语大学松江校区的校园很漂亮，置身其中，让你觉得身处古罗马的某座神庙前，或者是在欧洲某个国家的教堂里。能在这里上课的人都是幸运的。试听课时间是一周，现在已经结束了。这里的老师给我的感觉还是很有个性的，尤其是今天公共选修课那位用双语教学的老师，还有昨天专业课上热情洋溢的先生，让我觉得研究生阶段与本科阶段是有些许不同的。在这里，老师都会强调一点：自学。我们的学制只有两年，专业课开设得很少，所以要靠大量的阅读与独立思考，才能在研究生阶段走出一条自我的道路来。

寝室里住着三个女生，除了我，另外两个一个是俄语系的，一个是法语系的。我们寝室是个小小的“联合国”，这个“联合国”里的成员也因为不同语种的学习经历而个性迥异。学法语的珊珊浪漫优雅，学德语的菜菜严谨理性，而学俄语的褚褚，我们觉得她很伟大！我们三个在一起很快就混熟了，一起吃饭、上课，在寝室里用英语进行长达数小时的交流，讨论自己看过的小说，也讨论爱情、婚姻、亲情……褚褚是个基督徒，她总是说要感谢主让她能同珊珊、菜菜在这两年里住在一起。而我对此，亦是心怀感激。

回顾这半个月在上海的生活，仿佛一场奇妙的旅程。从初来乍到的陌生，到如今的熟悉与自在，每一步都充满了惊喜与成长。那些曾经觉得难以适应的生活细节，如今都成了生活的一部分。比如每天的盖浇饭，虽然口味与家乡大相径庭，却也成了我新的味觉记忆。还有那间小小的宿舍，虽然条件简陋，却承载着我们三个人的欢声笑语。想起刚来时的忐忑，如今只剩下对未来的期待。这里的校园、老师、同学，都让我感受到了一种新的活力与挑战。而与室友们相处的点点滴滴，更是让我感受到了家的温暖。感谢这段经历，让我在新的城市找到了属于自己的位置，也让我更加珍惜身边的人和事。

2008 年 9 月 26 日

莱莱在上海
——学期论文

从十一月底开始，宿舍里就开始紧张起第一个学期的期末考试了。我们每门课的考试几乎都不是笔试，而是要交学期论文。这个学期我选了八门课，除去唯一一门要笔试的德语诗歌，有七篇论文等着我去写。提交日期大概在十二月底，大致算一下，在整个十二月，我们要以平均每周写完两篇的速度才能交差。十二月真是研究生们的考验月啊！

好在政治课老师早早便公布了学期论文题目，让我们得以提前规划。我很早就开始做准备工作——到图书馆查阅相关书籍，并反复研读，再将零碎的思考记录成文字，断断续续写下一些感想，最后开始论文的撰写。反反复复修改了很多遍之后，最后终于决定不改了，算是完成了第一篇。那种从无到有的成就感难以言喻，仿佛自己真的在知识的田野里开垦出了一小块天地。室友褚褚说，写论文就像是亲手做一件工艺品，做的时候不知成品如何，做出来再说！等到真的做出来的时候，嗯，还是觉得自个儿的漂亮！

万事开头难，政治课的论文写完之后，一切似乎就没那么艰难了。接下来开始写比较文学的论文。这门课的老师一开始的态度看起来让人很难应付，规定了许多条条框框，害得我们很紧张，不敢怠慢。等到真动笔的时候才发现老师的那些条条框框算什么，找不到可写的点才是这门课最难的地方——缺乏创意的脑子想不到新的切入点，而你能想到的早被前人写遍了！老师说如果有难度，可以写成关于国别文学的论文。他的建议给了我新的思路，我就想着写写布莱希特，写写他的《四川好人》里的间离效果。于是又是一通文献查阅、研读、撰写，在这个过程中我发现了更好的切入点：可以拿《四川好人》里面的沈德跟关汉卿的窦娥作对比。于是又把题目改成两种表现形式的比较。写作切入点的变换意味着更多的文献阅读与钻研，我从图书馆借了很多关于这两个人的评论及作品相关的书来看，看着看着，写着写着，又有了新的想法，于是最后又改了一次题目。在无数次的推翻重写、删除修改之后，又一篇论文慢慢成形了。望着电脑里生成的 Word 文档，我觉得自己总算对得起那些熬过的夜、喝过的苦咖啡了。

写完两篇论文之后，我已经对接下来的五篇学期论文没有丝毫畏惧感了。因为我总结出来一个道理，书里有一切你想要的答案，“书中自有黄金屋”这句话早就启示过我们了。开卷有益，不管大小，收获总归是有的。有些收获也许是老师无法直接在课堂上灌输给你的，比如在阅读的过程中激发出来的想法有时候甚至会让自己也吓一跳，可能就是这样的一种出乎意料，更让人有成就感，更令人振奋吧。

在写论文的过程中，我深刻体会到了知识的深度和广度。每一次查阅资料，每一次提炼观点，都像是在黑暗中摸索前行，而当灵感的火花闪现时，那种豁然开朗的感觉让人无比振奋。虽然过程充满了艰辛和挑战，但每完成一篇论文，都像是攀登了一座小山，虽然不高，却也足以让我感到自豪。我开始明白，学术研究不仅仅是知识的积累，更是思维的锻炼和自我挑战。每一次写作，都让我更加清晰地认识到自己的不足，也让我更加坚定地去追求更高的目标。虽然路还很长，但每一步都让我更加接近那个理想中的自己。

路还很长，菜菜同志仍须努力啊！

2008 年 12 月 14 日

人生若只如初见

在这狂长冬膘的日子里，我大部分的时光躲在宿舍练字、看电视，结果自然是长得更多。

为了写而写，心虚到不行，果然连一个正经词句都写不出来，头两句就泄了自己的底，浑然一个闭关冬眠宅居长肉的大懒虫。那就说说爱情吧，这总归是一个说得上几句的话题。

纳兰的那句“人生若只如初见”一直温柔地生长在那些期望美好爱情的女子心间，只因初见时的美好，还有最初那场你追我逐、你侬我侬的情感游戏。一同学曾经讲述过她跟老公相亲时初次见面的情景，大概是在咖啡厅吧，不记得她是白衣胜雪还是长裙妖娆，总之那一袭长发是不能忘怀的，盈盈一女子，袅袅婷婷地出现在他的面前，那位后来成功晋级的先生用了“惊为天人”四个字。据说，初次相见时给人留下的印象是在七秒内产生的，以后再怎么想努力改变都是徒劳。七秒，奇妙吧？大抵修成正果的相亲都是有着美好的“初见”才开了花、结了果的。

那一年，我拖着一颗疲惫的心到深圳，同学和她老公好心地说要介绍朋友给我认识。我们一行三人坐了很久的公交车，横穿大半个城市。下车之后，我们走在滚烫的水泥路上，远远看见街树下站着一人，短袖 T 恤加齐膝短裤，穿着拖鞋，还抽着烟。近视的我走近之后才观察到 T 恤上的破洞。后来熟稔之后，得知了他这身装备的年份，自然能对那些破洞们表示理解甚至景仰了。也不知道是因为那天心情好还是怎么回事，我到现在为止对那天的记忆仍然停留在远观时的印象：大好的阳光下站着一个男子，光芒万丈里的剪影散漫又随性。阳光太好，以至于现在回想起来脑海里更多的是一片白花花的日光。老公，你看，你得了南方太阳多大的便宜，那天它将你修饰得很美好，甚至粉饰了日后你出租房里的邋遢、臭袜子、数不清的“小强”……

再美的初见，其药效也不可能维持到永久。在与现实的碰撞中，肥皂泡破碎只是时间长短的问题。我的肥皂泡破碎，结局虽不至于让我“秋扇见捐”，但也历经磨难，个中苦楚，在这里就不赘述了，怕惊了还有心找爱情的人。总之，结果是好的。

我承认初见的美好十分珍贵，但也从来不认为一个“好老公”或者一个“好老婆”是与生俱来的。每个人生下来就懵懂无知，在一个陌生的世界里，一路踉跄摸索、犯着错前行，边历练，边成长。你遇到的那个人，不会一开始就是“对”的那个人。你认定的爱情，也不会永远定格在“初见”的那一刹那美好。真正的爱情，应该是你和他（她）一起蹚过湍急的河、跨过高耸的山之后仍未放手的坚定自信，是一起看过蓝天白云人间烟火，听过阳春白雪、下里巴人之后仍不肯退却的长情坚守。

初见是爱情，守候是婚姻。爱情是两个人的拉扯，可以梅兰竹菊、清风明月；而婚姻是两个家庭的交错，只有柴米油盐、锅碗瓢盆。只有认清了这两点，才能不被那一刹那的美好迷了眼，才能在历经沉浮后仍然心无旁骛、唯系一人。愿所有相爱的人历俗世而不世俗，经风雨而愈坚韧，手握锅铲，心有玫瑰，在爱情路上谦卑前行，走得长长久久、远远长长。

2011 年 12 月 19 日

20121212，要爱，要爱，要爱？

据说今天是世纪表白日，因为老天爷都在示意 121212 呢！中国人向来喜欢制造噱头，也很善于此道，怎肯放过这一天？我只是担心外国人会不会明白个中深意。即便不懂，其实也无伤大雅，值此开明盛世，举目四望，了无遗怀之物，生造些 080808、090909、111111、121212 以抒情，有何不可?！况且还有 1221 世界末日旷世预言的背书，能不让世人高呼“要爱，要爱，要爱”吗？

什么是爱？

爱是什么？我不懂，从来没懂过。有些人相爱，并且走到了一起修成正果，可最后还是分开，甚至恶言相向，老死不相往来。据说是柴米油盐消弭了情感，我说柴米油盐酿出的是暖胃的美食，跟分道扬镳有什么干系！又说婚姻是爱情的坟墓，这句话我倒是很信，因为婚姻二字包含的东西太多了，而且大多数都是爱情的死敌，诸如经济地位、两家关系、生活习惯、子嗣传承…… 哪一样不合一方胃口了，都是分开的借口。你说婚姻能不是一个坟吗？如果爱情终究要以婚姻为果，高呼要爱者，严阵以待吧。

什么是爱情的理想模式？

爱情的理想模式应该跟幸福感有关吧，幸福感越高，自然更为理想。前一阵子见过“月薪几何才会有幸福感”的讨论，答案是 9 千元。不知道给出这个答案的仁兄是怎么得来结果的，可能是据实以考，可能是妄加揣测，方法如何都无所谓。只是这答案一出，怕是达标者寥寥无几。况且，这个数字在某些城市只是安全感的标准，何谈幸福！既然以金钱难论幸福，我还想在爱好、性格上找答案。无奈不管是兴趣相投者还是性格互补者都出现过反面教材，再找也是徒劳。看来理想不管是放在何处都是镜花水月，可遇而不可求。

在这个世纪表白日，我却越发觉得爱情复杂又深奥。它不像数学题，有固定的公式和答案；也不像物理实验，可以反复验证。爱情是流动的，是变化的，它随着时间和环境的不同，展现出不同的面貌。或许，爱情的本质并不在于它的结果，而在于它的过程。在这一过程中，我们学会了付出，学会了包容，学会了珍惜。即使最终没有走到一起，那些曾经的美好和感动，也足以成为我们生命中宝贵的财富。爱情，或许就是一场没有终点的旅行，重要的是沿途的风景和看风景的心情。我不想再问了，问多少遍我也给不了自己答案。关于爱情，不管是提出什么样的问题，答案都会是千人千面，莫衷一是。这可能也是爱情成为千古话题的原因之一吧。但不管怎样，我相信一个人的真爱只会给一个人，“愿得一人心，白首不相离”“一生一代一双人”，古人诚不我欺也！

2012 年 12 月 12 日

搬家

明天要搬家了，一个人在宿舍里清理东西，装箱，打包，扬起很多呛人的灰尘，翻出很多快被遗忘的记忆。望着整理停当的箱包，环顾这住了近六年的斗室，泪水忽然之间模糊了双眼。

一直梦想着要逃离的地方，不经意间已经成为我二字头岁月的载体。在这里经历的许多故事像幻灯片一样在脑海里闪现，有欢乐、有眼泪、有奋斗、有离歌，更多的是孤独和悲伤。愈是难过的日子，愈让人难忘，人生总是这么诡异，快乐总是恍如云烟，难记心底。也许正因如此，悲伤的因子才得以在一个又一个宅而又宅的日子里积淀，最终成就一个所谓成熟的人。成长的代价大或如此。都说岁月催人老，岁月枉被称为祸首，其实老人心的是那些一个人奋斗、孤苦无依的日子。朋友们总是感叹人老心也老了，再怎样欢腾也找不回往日开怀大笑的感觉，以前少年装老成，现在连装也省了。也许这是件好事，老成练达，待人接物更近世情，不至于成为模板世界里的一个异类。但是渐渐地觉得自己很难再快乐起来，棱角被一个个地磨平，慢慢地迷失了自我，幻想不再，梦想更是遥远。

仍然记得 2003 年的开学季，初恋男友送我到单位报到，我脸上还带着那个暑假被狗咬的伤痕。当时单位还坐落在一个偏远的乡村，环境很好，绿树成荫，花秀枝头，鸟鸣于林，行走其间，心情会很好。然而单位给我们这些新入职的教师提供的住宿条件就没有这么好了。一开始是三四个人挤在一间招待所的一个房间里。住了一段时间后，两人一组分到一个单间，90 厘米宽的铁架床，80 厘米长的书桌，就是我们所有的装备了。到了 2006 年，单位搬到新区，仍然是和另一个同事挤在一间二十多平方米的单间里，绵延四年多。读书的时候总以为毕业了就自由了，可以结束将近十年的宿舍集体生活方式，有自己的小天地，自己养自己，读想读的书，做想做的事。但我们太幼稚，不知道所有的梦想都是要依托物质的，比如自己的房子。那个时候益阳市的房价低到无以想象，四五百一平方米。我们这些理财小白都没有想过用自己的公积金买套房，只会傻乎乎地抱怨单位条件怎么这么差，两人挤一间单间，连恋爱都谈不了。如今房价飙升到四千元一平方米，才心不甘情不愿地把辛苦十年的积蓄投到一个毛坯房里。

2007 年 4 月 29 日，我终于拥有了属于自己一个人的房间，在此郑重感谢薇薇！那天可爱的学生们帮我搬家，四年多里我累积起来的家什已经远不是一床一桌能概括得了，虽然只是从五楼搬到二楼，但是他们那么多人还是忙了大半天，让我得以当天晚上安稳舒适地躺在新家里！那真的是历史性的一个时刻，不为别的，只为心灵的一种真正的自由。那天我在新家里，想起了波波，想起了慧慧，她们是这么好的室友，让我在毕业后的同居生活里过得轻松愉快。然而，人有时候终究是想要享受孤独的。那天，我独自一人在一个新天地里感受一种全新的生活。在此后的岁月里，这小小的房间见证了我人生中很多重要的时刻，她就像一张网，我走得再远，终究是要回到这里的。这间小小的宿舍，承载了我太多的回忆，是我青春的见证者。在这里，我度过了无数个日夜，经历了成长的喜怒哀乐。每一次的挫折和成功，都深深地刻在了这里。那些曾经的欢声笑语，那些深夜的思考和梦想，都仿佛还在耳边回荡。我怀念那些一起奋斗的日子，怀念那些一起度过的寂寥时光。

这栋被我们这些不再是青年的青年教师一再鄙夷的青年楼，因为漏水等问题，害得我们好多个夜晚闹心不已，但它仍然是那栋承载了我们许多青春岁月的老房子。我知道我终有一天会离开这里，只是没有想到就是明天，只是没有料到会这么难过。也许平淡的日子自有她的滋味，当时不觉得，回首时，才会嚼出味道来。这间宿舍，这些记忆，是我青春的宝藏，是我永远的家。明天，我将带着这些回忆，带着对过去的感激和对未来的期待，踏上新的旅程。

（谨以此文纪念承载我无数个痛并快乐着的日子的青年楼211室，一并纪念毕业十年的青葱岁月，想念丽丽、恋恋、芳芳、沫沫、苗苗、老刘子、文玲、瞿瞿、微笑、文君，期待与你们的重聚。）

2013年1月29日

会打怪兽的妈妈

最近，三岁多的儿子总是要开着灯睡，我知道他可能是因为胆小才要求这样，但是并不知道他是因为什么而胆小。昨天晚上照例开了灯，他睡在床左边，灯光是从他的右边照过来的。我和儿子都躺下准备睡觉的时候，他突然说：“妈妈，我这边没有灯，很黑，怪兽会不会来找我啊?”我此时才恍然大悟，明白他这阵子是在害怕怪兽来抓他，看来真的是动画片看多了，被某些情节吓到了。为了让他心安，以后都能睡好觉，我克制住想数落他看多了动画片的冲动，说道：“不会，怪兽不会来的。”

“为什么?”

“因为妈妈在这里啊，妈妈很厉害的，怪兽一来，我就‘轰、轰、轰’把他们都赶走了。”

儿子看上去安心了一点，转过去准备睡觉了。

三秒后。

“妈妈，你以前打过怪兽吗?”

“打过啊。”

“是什么时候?”

“是你还在妈妈肚子里的时候。他们经常到我们家里来吃我们的食物，喝我们的水。那时候我们经常发现家里的食物和水都少了，所以妈妈就把他们找出来赶走了。再后来家里有东西少了、不见了，那可不是怪兽们又来了，而是老鼠们偷吃了。”我开始胡说八道。

“那怪兽还会不会从客厅阳台的窗户那里进来?”

“不会的，妈妈在每个窗户那里都施了魔咒，‘妈咪妈咪轰轰轰’，所以怪兽们现在都不敢来了，来了也进不来。他们找不到东西吃，就都跑到很古老很古老的森林里去了。那里有坚果和蜂蜜，他们很容易就能找到食物。”

“很古老很古老的森林是什么意思?”

“就是很大片的树林啊，就像熊大熊二住的地方。”

“那他们吃饱了，会不会再来啊?”

“不会啊，因为他们如果来的话，经过的路上会有很多人家，每个人家都有一个妈妈，对不对?”儿子点了点头，我继续胡诌：“每个妈妈都很厉害的，她们都有一句不同的魔咒，这样怪兽就进不到家里了。他们吃不到东西，半路上会饿死的!”

说了这么多，儿子似乎已经很相信自己的妈妈就是会打怪兽的妈妈了，不到十秒钟就睡着了，一觉睡到大天光。

看着儿子熟睡的面容，我不由得陷入了沉思。童年的世界是如此纯真而奇妙，充满了无尽的想象和对未知的恐惧。儿子的恐惧源于他对世界的懵懂和对黑暗的本能害怕，而我用这些看似荒诞的故事来安抚他，其实也是在保护他的童真。在孩子的世界里，怪兽和魔法是真实存在的，而妈妈就是那个无所不能的守护者。这种纯真的信任和依赖，让我感到无比珍贵。或许，随着他慢慢长大，这些童年的幻想会逐渐褪去，但他心中的那份纯真和对世界的美好期待，我希望永远不要磨灭。在这个复杂的世界里，一颗童心，也许是我们每个人都需要珍视的宝藏。

2014 年 4 月 2 日

菜菜在柏林
——Green Door 酒吧

五点多出了学校，地铁 8 号线转 2 号线在 Nollendorfplatz（诺伦多夫站）下车，在 Kleiststrasse（克莱斯特大街）出口出来，沿着 Massenstrasse（马森大街）走到第二个十字路口右拐进入 Winterfeldstrasse（温特菲尔德大街），直走二三十米就到了柏林有名的 Green Door 酒吧。

这个酒吧被称为柏林最好的鸡尾酒酒吧，《花花公子》杂志和《纽约时报》等媒体非常追捧。晚上六点到八点有折扣，最有名的酒是 Martini 和 Roederer Cristal（去了才知道这个要整瓶买，340 欧，但是可以点 Roederer Brut Premier，折扣价 9 欧，原价 11 欧）。菜菜六点多就到了，此时店里寥寥数人。调酒师是一位会德语和英语的美女，菜菜跟她说了自己不太能喝酒，她就推荐了 Gin Fizz。这杯酒的外观和名字都让菜菜感到好奇。调酒师微笑着将酒递给我，轻声说道："这杯酒很特别，虽然酒精度不高，但每一口都能感受到它的层次。"菜菜接过酒杯，轻轻抿了一口，果然，那是一种清新而微妙的味道，既有淡淡的酒香，又带着一丝柠檬的酸甜，仿佛在舌尖上跳起了轻快的华尔兹。这是一种在 Gin 酒中混合了柠檬汁、糖浆和水的鸡尾酒，喝完也确实没有上头的感觉。拿到这杯酒的时候我好感慨：自己的第一杯鸡尾酒居然献给了柏林！菜菜坐在吧台前，眼睛一眨不眨地看着调酒师的动作。调酒师的手法娴熟而优雅，每一个动作都像是在跳一支无声的舞蹈。她拿起一个闪亮的调酒杯，将各种液体倒入其中，轻轻摇晃，然后将调好的酒倒入杯中，再点缀上一片柠檬或者薄荷叶。菜菜看得入了迷，仿佛自己也变成了那个在灯光下舞动的调酒师，手中握着的是一杯可以调出无限可能的魔法。

酒吧里的人渐渐多了起来，但并没有变得喧闹。人们低声交谈，分享着彼此的故事，偶尔爆发出一阵轻笑声。这种氛围让菜菜感到无比舒适，感觉自己像是被一种温暖的怀抱包裹着，所有的疲惫和压力都在不知不觉中消散了。环顾四周，发现这里的人们都很享受此时此刻酒吧里的氛围。有的人在角落里低声聊天，有的人在独自品味手中的酒，还有的人在静静地欣赏墙上的复古照片。这些照片大多是黑白的，记录着过去的岁月，仿佛在诉说着一个个未完的故事。菜菜觉得自己仿佛穿越了时空，来到了那个充满神秘与冒险的禁酒时代，而菜菜，就是那个在暗夜中寻找慰藉的灵魂。

据美女调酒师介绍，这家店 1995 年开始营业，有 150 多种鸡尾酒。菜菜看到酒单扉页上有歌曲 *The Green Door* 的几句歌词："Midnight one more night without sleeping, Watching till the morning comes creeping, Green door what’s that secret you’re keeping.”第二页上还有一段文字，是英文的，不知道是歌词还是诗歌，一个叫 Wallace Irwin 的人于 1902 年写的。引用这个，大概是想跟来客说明酒吧名字的由来吧，一听 Green Door 这个名字就有一种 Speakeasy（地下酒吧）的调调。美国曾经有一段时间不能卖酒，酒吧只能偷偷营业，去的人基本是熟客，进门前要对暗号什么的，此外，这些地下酒吧的装修基本上都会用绿色的门。当然，菜菜此刻所在的这家酒吧虽然是地下酒吧风，但是进去喝酒的人可不是偷偷摸摸的。

时间在不知不觉中流逝，菜菜完全忘记了外面的世界，在这里找到了一种久违的放松，一种心灵的慰藉。酒吧看上去不大，也许三十平方米不到，里面也许还有包间，但灯光太暗，加上近视，菜菜辨不清是否还有其余的空间。即便很小，但也让人感叹它的舒适和放松的氛围。菜菜开始理解为什么这家酒吧会如此有名，它的每一处细节都充满了魅力。这里的灯光、音乐、装饰，还有那些精心调制的鸡尾酒，共同营造出了一种独特的氛围，让人沉醉其中，无法自拔。

坐到快七点半的时候已经陆续来了很多人了，来这里的人基本上只是为了品酒、会友，酒吧也不会安排什么活动或者节目。很多名人曾经来过，可惜调酒师列举的那些名字，菜菜一个都不熟悉。菜菜想，来这里的人肯定不是因为哪个名人光顾过才来的，也许大多数人都是像菜菜一样只是想来喝一杯调酒师精心调制的鸡尾酒，暂时忘却外面世界的喧嚣繁华，感受一下静止的时光。菜菜坐在吧台前，看着调酒师熟练地操作，为新来的客人调制出一杯又一杯美丽的酒，听着她讲述每一种酒的故事，心情变得宁静而舒坦。在这里，每一杯酒都不仅仅是一种饮品，更是人与人交流的媒介。虽然不怎么能喝酒，但是就算只是来喝一杯没什么酒精感的 Gin Fizz，菜菜也觉得非常值得，酒不上头，但是这个酒吧会让人上头。

菜菜喝完了酒杯里的 Gin Fizz，买单时附上了慷慨的小费，跟调酒师告别，然后走出了那扇绿色的大门。

2014 年 8 月 11 日

菜菜在柏林
——华沙之行

星期五早上，菜菜照例很早起床，八点到达学校，打开电脑就收到了Yvonne老师早上7点46分发的紧急邮件，说要带女儿去医院，今天的课取消了。

一下子多出来一天自由时间，菜菜不知道要去哪儿才好。考虑了一会儿，决定去华沙——离得近，坐火车就能到，城小，估计逛一天也够了。说走就走，先到亚历山大广场的旅游服务中心问火车班次，但是没有工作人员能确切地告诉菜菜持有申根签证能否去华沙。犹豫了一下，回到宿舍，整理了些简单的衣物，煮了碗面吃完之后就出发去东站。到了东站照样是没人能确切地告诉菜菜持申根签证是否会畅通无阻。其实之前上网查过，知道是可以的，可就是想从一个大活人嘴里得到证实。菜菜最后还是鼓起勇气买了票。全程5小时18分，从德国柏林到波兰华沙，没有时差、没有海关。到华沙的时候菜菜差点下错车，火车本来预计是19点07分到总站，19点02分时火车到了一个叫Warszawa Zachodnia的站，菜菜看不懂波兰语，以为到了，就下了车。在站台上一看，感觉作为一个首都的火车总站来说，这里有些破旧，拉了一个下车的乘客问是不是总站，可惜人家不懂德语、英语，幸好旁边路过的另一个乘客听到了菜菜的问题，要菜菜赶紧上车，说下一站才是。刚一上车重新坐定，火车就发动了。好险！火车继续开了两三分钟，才正式到了华沙总站。

下了车菜菜先到游客中心问酒店和地图的事。在排队的时候，一个窗口的工作人员看到下一个来问讯的是一个亚洲面孔，便找了个借口离开，很久也没见那位女士出来。然后旁边窗口的工作人员接待完一个游客之后，看到下一个是菜菜，也迟迟不按按钮叫号，就这样，菜菜后面就排了很长的队了，这时那个工作人员才不得已叫了号。估计这些工作人员是担心沟通有困难才如此犹豫吧。走到跟前一开口，果然她听不太懂菜菜说什么，而她一直在说波兰语，菜菜也听不懂她在说什么。总之，一通交流之后，什么也没问到。菜菜垂头丧气地走回车站大厅，在这里又找到一个问讯中心，然而同样的事情又发生了，交流有严重障碍，菜菜心灰意冷地出了车站。就这样，菜菜站在华沙火车总站的大门口，不知道下一步应该走向哪里。彷徨了几十秒，菜菜只好向路人求助，终于找到能用英语交流的几个人，看上去也是游客。都快晚上八点了，目前最要紧的是住的问题。他们告诉菜菜比较近的较便宜的酒店叫 Novetel。菜菜就按照他们指示的方向开始走。这个酒店就在离总站步行十分钟左右路程的地方，是一栋很高大的建筑，站在火车总站门口就能一眼看到，非常显眼。这是一家四星级的酒店，所以不用担心前台不懂英语。前台帅哥跟菜菜说最便宜的单人间是 220 兹罗提，相当于 55 欧，440 人民币。菜菜表示太贵了，拿出培训中心的学生证请求打折。帅哥不辞辛苦跑到经理室咨询了一下，回来说可以 180 兹罗提入住，菜菜感慨，四星级酒店还能接受讨价还价也是不容易啊！于是欣然接受，要帅哥帮忙选一间高层的房间，结果就直接选到了最高层——31 层！房间不大，但是床非常舒服，淋浴也很舒适，还有 Wi-Fi。菜菜洗漱完毕，研究了一下从前台拿的波兰语的华沙地图，决定了明天的路线，就入睡了。

菜菜一觉睡到第二天早上六点半，洗漱完毕，七点半下楼到大厅，想想自己没有兑汇，出门肯定啥都买不到，就在酒店的自助餐厅吃了早餐，65 兹罗提，这个可以记房账，这样就可以在退房时刷卡消费了。虽然有点贵，但是东西还是蛮好吃的。不过菜菜的胃吃自助餐向来不怎么给力，几个小面包和一杯咖啡就已经撑到不行。想想今天要走那么多路，身上还没波兰钱币，菜菜就拿了一个鸡蛋、一个苹果和一杯酸奶，还有一点榛仁放进包包里。好吧，有点失风范，不过一切为了省钱啊。后来证明菜菜是明智的，这些东西让菜菜支撑到晚上八点到达柏林东站！

出了酒店菜菜先去了火车总站旁边的文化科技馆，来得太早，这里还没开门，门票 14 兹罗提。在馆外刚拍完几张照片就开始下雨，雨下得不大，很多人若无其事地坐在露天的凳子上享受周末。菜菜也开始沿着 Marszatkowska 大街往北走，沿途经过了萨斯基公园，公园很美，古木参天，绿草如茵，有人带着狗狗来这里散步。走到公园尽头时没有出口，菜菜绕过半米高的栏杆回到 Marszatkowska 大街，往右就到了 Senatorska 大街，地图上显示沿着这条路走就能到老城。华沙在二战中受到了毁灭性的摧毁，很多波兰人流亡在外，后来战争结束，苏联政府想建设一个全新的社会主义华沙城，但是受到了波兰人的强烈反对，他们力争要恢复城市原貌。他们的抗争取得胜利，30 万流亡在外的波兰人回到华沙来参与城市恢复工作，用“华沙速度”感动了世界，联合国教科文组织，破例将这座重建之城列入世界文化遗产。菜菜沿着 Senatorska 大街一直走，两旁有很多古罗马风格的建筑，看上去有点像博物馆什么的，已经九点多了，门还没有开，因此也找不到人来问这是什么地方，大门墙壁上的文字全部是菜菜不认识的字母。好吧，无所谓，菜菜不是冲你们来的。继续走下去看到了老城的样子，砖红色为主，还有一段段的被毁的城墙就那样跟恢复好的建筑站在一起，但是看上去一点也不突兀。

走到广场，菜菜看到了美人鱼雕像，这是华沙的城市象征，相传以前有一对叫华尔和沙娃的恋人沿着维斯瓦河来到华沙开辟新生活，美人鱼就是他们的守护神。雕像很小，高 2. 5 米左右。这里游人很多，菜菜还看到了几张以为在这里会很少见到的亚洲面孔，有日本的、韩国的。这里的很多房子墙面上还有历史的痕迹，不知道是以前战争留下的还是其他原因，总之没有刻意去修复，就这样像是带着文身矗立着。参观完广场，菜菜一心想走到维斯瓦河，可是方向感太差，找了半天也没找到，跟一个波兰大姐比画了半天，才知道要原路返回，之前经过的地方其实就在河边。走走看看，很快就到了河边。维斯瓦河是波兰的母亲河，全长一千多公里，流经波兰多个城市。从菜菜所站的位置望去，这一段河面不是很宽，两岸树木葱葱，映衬得维斯瓦河极为美丽。

在河边待了一会儿，菜菜就往回走。自己感觉是原路返回，结果不知道怎么走到了华沙大学，在校园入口处徘徊了一圈，出来后继续走，进了一个无需门票的玛利亚教堂，里面的装饰超级奢华，跟以前在图片、影视资料中看到的西方教堂很相似。参观完出来后，走着走着就看到肖邦博物馆的指示牌，按着指示牌方向没走多久就到了，这个算是今天这趟旅行的意外发现吧。虽然不懂音乐，但是既然“来都来了”，进去看看才不算失礼。买了票，菜菜在这里逗留了半个小时，看到了肖邦最后使用过的钢琴，以及很多珍贵的手稿，还有他的旅行经历。博物馆一楼有一个地方比较可爱，地板上有很多圆形，人站上去，圆形对应的喇叭就会播放肖邦的名曲。

从博物馆出来已经快一点了，菜菜凭记忆找到了回酒店的路，刚好遇到华沙警察骑着摩托车全城巡逻，警笛拉得巨响。我起初以为是类似于110出动办案之类的，后来问了一位游客这是在干什么，她说她也不太清楚，可能是华沙警察在巡逻，告诉人民“我们有力量保护你们”吧。

菜菜回到酒店客房收拾完东西，退房，到火车总站等回柏林的车。上车的时候菜菜又差点闹一个乌龙：车站所有的显示屏上都没有菜菜车票上14：55的EC42（EC：欧洲城际列车）到柏林东站的这趟车，显示屏上只有一趟到柏林总站的IC（城际列车）的车，也是14：55发车。菜菜找了两位工作人员连比带画地打听自己要乘的这趟车的站台，然后确定了是跟那趟IC同在3站台上车，从谈话中菜菜以为这是两趟不同的车。等到这辆IC进入站台的时候，菜菜准备不上车，坐等自己车票上标注的EC42车次。但是想想还是问一下吧，就问了乘务员。这个帅哥告诉菜菜要搭乘的EC42就是这趟去柏林总站的IC，叫菜菜赶紧上车！上车后没两分钟，火车就发动了，坐在座位上的菜菜心情很久都没有平复下来：差点就回不了柏林啊！

这趟车每个车厢有六个座位，每排三个，座位是面对面的。同排的一位波兰大姐在柏林工作，特别能侃。她先是跟一个波兰女孩吧啦吧啦说到那个女孩下车为止，然后又开始跟菜菜用德语说话，她波兰口音很重，但是勉强能听懂。她居然对中国的针灸、拔火罐、膏药都很了解，都尝试过，而且对中医佩服不已，还介绍给身边的人用！她和菜菜聊了很久，直到有两个配枪的德国警察不停地到这个的车厢来检查一个男人的证件、钱包。不得不说德国警察很认真，第一趟来检查了那个人的证件，拍了照，问了电话号码；第二趟来问了他带了多少钱、电话能用吗；第三趟来搜了身！菜菜觉得那个男的要崩溃了。一开始菜菜以为是要检查所有人的证件，就主动拿证件给警察查看。警察刚拿到手上翻都没翻开就递回给菜菜，说了一句："Alles in Ordnung!"（一切都好!）原来只对男乘客才这么严格。后来什么问题都没有查到。菜菜在 Berlin Lichtenberg（柏林利希滕贝格站）下车，那两个警察也在这里下车去转轻轨，其中一个警察似乎认出了菜菜，菜菜跟他说了声"Guten Abend"（晚上好），他礼貌地微笑回应。有这样负责任的警察，德国人民应该很有安全感吧！

转乘轻轨 S7 几分钟就到了东站。说实在的，从基本没法用英语、德语交流的华沙回到柏林，真有了回家的感觉，我顿时觉得很放松，对这座城有了亲切的感觉。

2014 年 8 月 16 日

细节见真章

——从柏林城市风貌看德国的社会建设

2014 年 8 月，我有幸在德国柏林参加为期一个月的德语高校教师职业培训。在此期间，我不仅学到了新的知识，了解了德国教师的教学方法，同时也让我近距离地领略到这座城市秀美的风光，感受德国人对于大自然的热爱之情。今天就让我们走进德国首都柏林，看一看那里的人们是如何将节约资源、保护环境这一理念蕴含在日常生活的一呼一吸里的。

绿地。柏林的绿地覆盖率达到 30% 以上，公园、草地、森林随处可见，这里居住在任何一个角落的居民出门不用走多久都能找到公园或者绿地。施普雷河和哈维尔河流经该城，加上兰克湖、万湖等水系资源，让河岸绿道蜿蜒 360 千米。城市总面积的 42% 是绿色空间和水面，城区绿地达 55 平方千米。最值得一提的就是柏林城区最大的公园蒂尔加藤公园。它长约 5 千米、宽约 1.5 千米，在这样一个现代化的都市，这片森林无疑就像一个巨肺，为整座城市输送着氧气。如此高水准的绿化程度得益于德国政府与市民的高度配合，他们认为唯一能改善环境的就是绿地。1976 年颁布的《自然保护及环境维护法》，用法律保障了城市园林绿地建设和自然风景的维护。

建筑。柏林人对古代建筑极为爱护，他们不惜花费巨额资金修复古建筑，使其保持原样，这种修复所需的人力物力远远高出摧毁原建筑后重建所需的费用。但是他们仍在坚持这么做。所以现在我们进入德国首都之后，不会看到一座超级现代化城市，这里没有很多摩天大楼，有的只是上百年甚至千年的历史建筑与民居。古代建筑或被修复或被保留下来，仍然矗立在柏林城。花费虽然高昂，但留存下来的不仅仅是历史，更是对自然环境最大的保护。以威廉纪念教堂为例，这座1895年建成的新罗马风建筑在二战中被严重摧毁，整个塔尖被炸掉。然而人们并没有嫌弃这座“断头教堂”，而是对残存物做了内外墙的清理与加固，炸飞的塔尖不作修复，就让她这么耸立在城市中心。而其教堂功能被在其前后新建的八角形教堂和六边形钟楼所接替。因其外形特征，柏林人将它们称为柏林的“口红”和“粉盒”。

交通。德国的汽车制造业世界闻名，在柏林的大街上随处可见奔驰、宝马、奥迪这些豪车。但是这并没有让柏林的大街因为巨大的车流而堵塞，相反，这里的街道也许在很多国外游客眼中显得很落后——双车道，宽度不超过六米，有时候两边还要做停车位。即便如此，在大街上也很少出现拥堵的现象，大家各行其道，严格遵守交通规则。此外，公共交通四通八达，地铁、轻轨、公交、有轨电车等可以让你很快到达城市的任何一个角落。这些交通工具上没有检票员，车票可以在地铁站或车上的自动售票机上购买。是否持票上车，完全靠自律。偶尔会有查票的工作人员上车检查。但是在柏林，想要抓到一个逃票的乘客也是一件难事。此外，公共交通做得非常人性化的一点就是连公交车都有行车时刻表，贴在公交车站上，上面详细说明了每一路公交车到达该站的时刻。周末有些公共交通路线会为了节约能源而停运。除了私家车和公共交通，很多人还钟爱自行车。这种绿色出行方式并不是年轻人的专长，大街上五六十岁的大妈大叔都能蹬得车轮飞转。街道上或者两旁有专门的自行车道，公园、学校等还有专供人们用来锁自行车的设备，其他地方如果没有禁停标志都是可以停放的。市区有很多自行车租赁中心，日租十欧左右。周末的时候家长带着小孩出门，很多家庭会人手一辆自行车，两三岁的小孩也不例外，他们骑的也是两轮，但是因为还没有学会保持平衡，都是用自己的双脚在地上滑行，看着特别可爱。

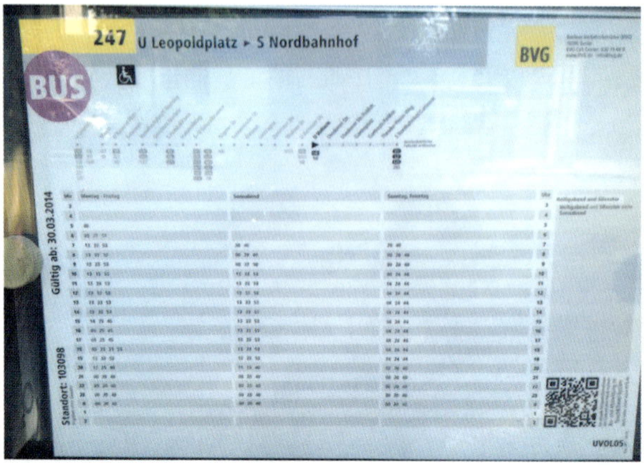

居民。如果要为柏林的绿色环保找一位功臣，这里的居民无疑会高票当选。从垃圾分类到绿色出行，人人参与，人人有责。他们热爱动物，大街上经常可以看到各种鸟儿，尤其是鸽子，特别多。它们大摇大摆地在路上走，寻觅食物，有人经过也不会惊吓而飞走。养狗的人很多，早晨和傍晚，他们带着自己的狗狗出来散步，有些人甚至带着两条或三条狗。地铁等公共交通工具上允许每位乘客带一条狗上车。德国人酷爱喝啤酒，因此会产生大量的空酒瓶。为了节约资源，这些酒瓶和其他饮料瓶都是可以回收的。在超市有空瓶回收机，路边还有用来专门回收玻璃瓶的垃圾箱，这些回收箱被漆上白色、绿色和棕色，用以回收相应颜色的玻璃瓶。还有很多生活细节可以看出这里的人都在默默参与环境保护：自来水可以直饮，他们的口号是：“谁喝自来水，谁就是在保护环境”；民居房檐的拦水槽可以将雨水收集到相连的金属箱用来浇花浇草坪；地面很少用大块的不利于排水的水泥，而是用碎石块或透水砖；从晚上十点到次日早晨七点实行音量控制；白纸双面打印；店铺、超市周日关门歇业；等等。

在柏林这座城市学习与生活的一个月，我深深地感到，柏林在城市建设方面有很多东西是值得其他地方学习借鉴的：

1. 绿地建设一方面要考虑合理的面积设置，为居民提供休闲健身场所，另一方面要建得比路面低，这样，下雨时雨水可以从路面流向绿地。现在中国城市化进程加速，住宅楼、写字楼、公路建设攻城略地，让城市地面固化率愈来愈高，城市排水问题层出不穷，因此应增加绿地面积，同时多用透水砖铺设人行道、停车场、居民小区。充分利用城区河流干道，维护其自然形态，严防水质污染，拓展城市滨水空间，使其真正成为城市生态调节器。

2. 在城市建筑方面，不能一味地追求面子工程，要杜绝那些建了拆、拆了建的劳民伤财的行为以及豆腐渣工程。城市化进程要以人为本，同时也要考虑到历史建筑在城市中的地位，尊重历史、尊重环境，在城市规划中重视建筑与城市景观的协调，使其有机结合而又不失个性，为城市增添新的风景。

3. 在城市交通方面，应大力发展公共交通，综合规划公共交通线路网，在主要的客流集散点设置不同的交通换乘方式，方便换乘；鼓励居民绿色出行，为其提供便利的自行车租赁渠道、停放设施；制定严明的交通法规，加大违规处罚力度，明确车让人的原则。

4. 加大环境保护、资源节约宣传力度，让绿色环保理念深入人心，让每一个人参与其中。空瓶回收、垃圾分类、提倡公共交通、绿地建设等等都需要全民参与，只有每个人树立起主人翁意识，才能深刻理解环保型社会的重要性，才能积极地参与到环保型社会建设中来。

2014 年 10 月 9 日

写在 2014 年的最后一天

2014 年的最后一天，跟往常的任何一个平常的日子都差不多。早上孩子爸吃过早餐就去上班了，我洗完餐具，晒好衣服，就带着儿子去了公园。阳光很好，我坐在儿童乐园的长椅上看着儿子玩沙子时，太阳甚至晒得头有点发晕，南方的冬日总是无法让人产生寒意与敬畏。

接近中午，我们去超市买了些菜，回家做午饭。吃的是儿子自己选的火锅面，我加了青菜和玉米火腿肠在里面，他把一大碗面吃得精光。之后母子俩午睡到四点。醒来后踢了会儿毽子，然后儿子玩他的玩具，我开始准备晚餐。六点半不到，孩子爸下班回家，一家三口围着客厅的茶儿吃饭。之后我收拾厨房，父子俩在客厅玩玩具。

再平常不过的一天。

人总是在具有分割意义的日子里变得不舍。不知道在执着些什么，却总是想留下些东西，以便日后可以拿出来怀念或者赏玩。以前没有孩子的时候，这种执着大多数情况下只是心里偶发的一瞬，之后随着时间的流逝，再不舍的东西，不见了就是不见了。后来有了孩子，生怕他以后回想不起有爸爸妈妈陪伴的、或许还算快乐的童年，于是我开始为他写日记。也没有什么特别的，就像今天这样记记流水账，吃喝拉撒，什么都可能是当天的主题。2014 年的日志终于画上句号，查看了一下 Word 的字数统计，没想到记流水账也能记个六七万字。

爱哭、喜欢尖叫、自己的事情不肯自己做，这是儿子在 2014 年留给我最恶劣的印象。当然也有好的，比如长高了，不那么容易生病了，偶尔也能说些暖心的话安慰一下妈妈，如“你脸上没有皱纹，不会老啊”“给你一个大拇指”等。带他出去玩，总会听到类似“这个宝宝长得好清秀”“眉毛好有趣”之类的夸奖，极大地满足了我的虚荣心。有时候我觉得老天爷把孩子造得这么可爱，就是为了抵消他们带来的祸害——已经这么难搞了，还敢长得不可爱，那么大人们真是不要活了。

看着儿子一天天长大，我常常会陷入深深的感慨之中。生活就像一条缓缓流淌的河流，每一天看似平凡无奇，却在不知不觉中汇聚成了我们珍贵的回忆。这些日子里，有欢笑，有泪水，有挑战，也有成长。而儿子，就是这条河流中最璀璨的明珠，照亮了我们生活的每一个角落。

我常常想，生活不仅仅是追求物质的富足，更是享受那些简单而纯粹的幸福时刻。比如一家人围坐在一起吃饭，儿子的笑声回荡在房间里；比如午后的阳光洒在儿子的脸上，他安静地睡着，脸上带着满足的微笑。这些瞬间，虽然短暂，却构成了我们生命中最美好的部分。我对儿子的爱，不仅仅是因为他是我的孩子，更因为他让我重新审视了生活，让我学会了珍惜和感恩。我希望他能在一个充满爱的环境中长大，成为一个善良、勇敢、有责任感的人。我会尽我最大的努力，为他创造一个温暖的家，让他知道，无论外面的世界多么复杂，家永远是他最坚实的避风港。

在这个充满变数的世界里，唯一不变的就是我对家人的爱。我会继续记录下这些平凡的日子，因为我知道，这些看似普通的瞬间，将成为我们未来最珍贵的财富。希望未来的日子里，我们能一起创造更多美好的回忆，让爱在我们心中永远闪耀。

2014 年 12 月 31 日

春花绚烂

今天是周日，上午带了儿子去玉壶山踏青。玉壶山山头不大，但是山上的花儿都开了，绚烂地铺了满山。

我们沿着水泥台阶一路爬上去，看到了很多人。大人、小孩、学生……踏青赏花、享受春光，都是大自然的馈赠。阳光洒在我们身上，洒在山坡上，洒在烂漫的群花上，仿佛在我们眼前打开了一个五彩斑斓的颜料盒。空气里弥漫着淡淡的花香和泥土的芬芳，让久居水泥房子的人顿时神清气爽。儿子更是欢脱得像一匹小马，蹦蹦跳跳地上着台阶，一个劲地要我给他拍照，还要故意摔跤说他在卖萌！

山上开得最盛的是杜鹃花，粉白粉白的花朵挤满了树冠，像一团团柔软的云，招摇地展示着自己的美丽。杜鹃花树并不高大，却用满树的花朵宣告着春天的到来。相比之下，梅花就显得含蓄多了。玉壶山此时开放的几株梅花都是玫红色的，它们静静地开在山腰，花瓣小巧玲珑，但在阳光下又熠熠生辉，耀目却不高傲。我们像穿花蝴蝶一样在花丛中穿梭，站在花树下跟花儿们比灿烂，躺在草地上跟蜜蜂比撒欢。阳光穿过花瓣的缝隙，斑驳的光影跳跃在我们脸上，微风拂过，有花瓣飘落，轻盈而温柔。这一切都让人沉醉，仿佛置身于一个梦幻世界，时间都静止了。

当我们在花海中尽情嬉戏，感受着大自然的恩赐时，我不禁陷入了深深的沉思。这些花朵，无论大小，无论颜色，都在用自己的方式绽放着生命的光彩。它们不需要华丽的舞台，不需要众人的瞩目，只要一片土地，一缕阳光，就能展现出最真实的自己。这让我想起了我们的人生，或许平凡，或许渺小，但只要心中有爱，有希望，就能在自己的世界里绽放出独特的光芒。

在这个喧嚣的世界里，我们常常被各种琐事和压力所困扰，忘记了生活的美好。而今天，这片花海用它绚烂的色彩和饱满的热情冲刷了我们日常的忙碌和奔波。每一朵娇艳的花似乎都在告诉我们，即使在最平凡的日子里，也要努力绽放，让自己的生命充满色彩。

当我们踏上归途，夕阳的余晖洒在身上，暖暖的，仿佛是大自然给予我们的温柔拥抱。我牵着儿子的小手，心中充满了感激。感谢这片花海，让我在忙碌的生活中找到了片刻的宁静；感谢这些花朵，让我重新审视了生活的意义。在这个春天，我学会了珍惜每一个平凡的瞬间，因为这些瞬间，汇聚成了我们生命中最美好的篇章。我们在这片花海里流连忘返，感叹着春天的奇妙：春风是柔的，流水是缓的，草绿是浅的，唯有这百花是最烈的。挤挤挨挨、轰轰烈烈地盛开，像一团火一样燃烧，即使是站在最不起眼的山头，也要明媚绚烂地绽放，宣示一段新的生命之旅的开始。

2015 年 3 月 22 日

“优秀妈妈”育子心得

时光荏苒，犹如白驹过隙。从2013年8月入园至今，琛琛小朋友已经快乐地在赫山实验幼儿园度过了近三年的时光。这三年里，幼儿园的每一个角落都留下了他稚嫩的足迹，从刚入园时怯生生地拉着老师的衣角，到如今在操场上和小伙伴们追逐嬉戏时爽朗的笑声，他的成长像一颗慢慢绽放的花朵，离不开幼儿园每一位老师的精心培育。老师们用耐心和爱心，教会他唱歌、画画、整理玩具，在他摔倒时给予安慰，在他进步时给予掌声。我们作为家长，当然也不敢怠慢，深知家庭教育与学校教育相辅相成的重要性，我们和孩子一起学习、进步，在参与他成长的过程中，又尽量做到不干扰这种自然的成长节奏。第一次为人父母，在这条充满未知的道路上，经验与教训交织，特此总结如下：

以身作则，寓教于行

有一位教育家曾经说过，没有不合格的孩子，只有不合格的父母。这句话像一面镜子，时刻提醒着我们家长自身行为对孩子的影响。我们当家长的，如果自身都无法做到所要求孩子做到的事情，又谈何去教育孩子？如果家长每天玩手机，无所事事，孩子当然会有样学样，觉得这样的生活状态是常态。

就像琛琛小朋友，有一次幼儿园老师让小朋友们分享爸爸妈妈的爱好，他站起来认真地说："爸爸的爱好是抽烟，妈妈的爱好是练字。"听到这话，我和他爸爸心里都颇有感触。因为这确实是他在家里看到我们最经常做的事情，自然在他脑海里留下了深刻的印象。从那以后，他爸爸便下定决心戒烟，起初很艰难，烟瘾上来时坐立不安，但每当看到琛琛期待的眼神，就又有了坚持下去的动力。而我，依旧坚持每天练字，有时候琛琛会凑过来，拿着小毛笔在旁边涂涂画画，虽然画得不成样子，但那份专注的神情让我很欣慰。

除了以身作则，我们还要跟孩子多一点情感交流，培养信任感。每天晚上睡觉前，我们都会有一段"悄悄话时间"，琛琛会把幼儿园里发生的事情讲给我们听，比如今天和哪个小朋友一起玩了滑梯，老师表扬了谁，等等。我们总是认真地倾听，不打断他，也不随意评判。这样的相处模式让琛琛对我们充满了信任，遇到问题也愿意和我们沟通。

鼓励孩子跟同龄人交往

可能有时候我们会发现这样一个现象，爸爸妈妈苦口婆心讲过很多次的道理，孩子并不会听到心里去，更加做不到。反而是在看到同龄人的表现后非常乐意为之，这大概就是同伴效应的魔力吧。

记得有一段时间，我们总提醒琛琛要勤洗手，可他总是敷衍了事。直到有一次去朋友家做客，看到朋友家的孩子饭前主动去洗手，还认真地用洗手液搓出泡泡，琛琛也跟着学了起来。从那以后，他饭前便后都会主动洗手，还会提醒我们呢。在运动方面也是如此，我们以前叫他多运动，他总是懒洋洋的，可自从在幼儿园里和小伙伴们一起参加了拍皮球比赛，看到别的小朋友拍得又快又好，他也铆足了劲练习，现在拍皮球的技术比以前好多了。

同龄玩伴给予的快乐和其他各种情感体验，有利于帮助孩子理解人际交往的必要性，塑造良好的品质，发展孩子心理能力，提高社会适应性。在幼儿园里，琛琛有几个固定的好朋友，他们一起玩游戏、分享零食。有一次，其中一个小朋友生病了没来上学，琛琛一整天都念叨着他，还把自己的小饼干留着，说等小朋友来了给他吃。这种懂得关心他人的品质，是在和同伴的交往中自然而然形成的。他们也会有小矛盾，比如抢玩具，但在老师的引导下，他们学会了分享和谦让，知道了好朋友之间要互相包容。这些在同龄人交往中获得的经验，是我们家长无法替代的。

特长不强求，投其所好；一旦开始，就要坚持

在特长学习方面，我没有很成功的经验。目前为止，琛琛没有参加过任何舞蹈、音乐、钢琴等特长班，因为他对这些就是不感兴趣。有一次，幼儿园组织舞蹈兴趣班体验课，我们带他去了，可他在教室里坐立不安，一直问什么时候可以走，看着他那不情愿的样子，我们就没有再勉强。

如果硬说他有什么不一样的地方，可能是他对阅读比较有天赋。从他一两岁的时候，我就每天给他讲故事读故事，这样坚持到现在有四五年了。一开始是读一些画面鲜艳、文字简单的绘本，他总是睁着好奇的大眼睛看着图画，听着我讲。慢慢地，他会指着书上的字问：“妈妈，这个是什么字呀?”我们就一个一个地教他。有时候，他会把听过的故事复述出来，虽然有些地方颠三倒四，但能看出他听得很认真。

迄今为止，他认识的字有多少我也不太清楚，只是当看到他无需我的帮助，自己拿着一本书看得入神的时候，就会明白付出就会有回报。有一次，我们带他去图书馆，他自己选了一本带拼音的童话书，找了个角落的位置坐下来，竟然看了一个多小时。期间，他时不时地露出开心的笑容，大概是被书中的情节吸引了。看到他对阅读如此热爱，我们也很欣慰，没有刻意去要求他认识多少字，只是默默地为他创造良好的阅读环境，家里的书架上摆满了各种适合他看的书，客厅、卧室，随处都能拿到书。

用日记记录成长

从 2013 年起，我开始用日记记录孩子的成长，将每天发生的琐碎的事情记录起来，从不间断。每年这样的流水账能记上六七万字，承载着琛琛一年又一年的成长印记。

偶尔翻阅这些日记，不仅能唤起那时的记忆，还能总结育子经验。比

如看到以前记录的琛琛挑食的问题，再对比现在他不挑食的好习惯，就能想起是因为我们后来改变了做饭的方式，把蔬菜切成可爱的形状，还和他一起玩“蔬菜王国”的游戏，让他慢慢接受了蔬菜。

现在，孩子有时候也愿意在我记日记的时候站在旁边，说说他在幼儿园的经历，然后我们一起记录下来。记录孩子的成长，是我育儿过程中的一大乐趣。这些日记不仅记录了孩子成长的点点滴滴，也记录了我们作为父母的成长和感悟。通过这些文字，我们能够回顾过去的经历，总结经验教训，更好地规划未来。

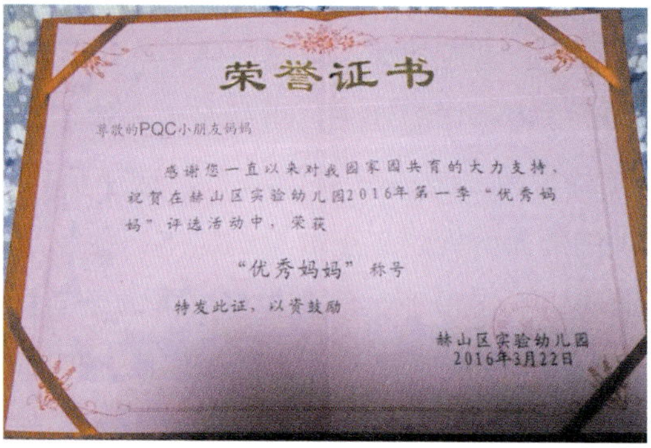

孩子是世界上最好的礼物，他们就像一张空白画板，也许我们有时候在上面画错了线，涂错了色，但相信最后的成品一定是最美的。因为，我们珍惜跟孩子在一起的每一分每一秒。因为，我们希望孩子能快乐、幸福。因为，我们都很用心。育儿之路虽然充满挑战，但每一次看到孩子的成长和进步，所有的付出都变得值得。我们希望孩子能在一个充满爱和理解的环境中长大，成为一个快乐、自信、有责任感的人。总而言之，用心的陪伴和教育，是孩子成长中最宝贵的礼物。

2016 年 3 月 4 日

张家界三日游

17 号，我带着儿子，同事蕾蕾带着她女儿佳佳，我们两对母子（女）登上了开往张家界的火车，开启一场自助游。两个小朋友很开心，有了伙伴，无聊的火车时光也变得好打发了。下了火车，转乘发往武陵源景区的中巴，此时已经中午了，大人还好，小朋友在车上却累得睡着了。车子虽然还没有到景区，但是一路上我们就见识了这座以山闻名的城市的壮丽，连绵的群山就在视线不远的地方起伏着，吹拂的轻风明显要比其他地方凉快很多。一个小时后，我们顺利入住订好的长公馆酒店。这个家庭式的酒店有四层，并不大，价格也不贵，离标志门景区入口很近，滴滴打车六块钱就能到。我们稍微洗漱了一下，到楼下的饭店吃我们在张家界的第一顿饭，点了一个有名的三下锅，但是这道特色菜并没有给我们这几个在湖南生活多年的人什么惊喜。这个菜其实就是把三种荤菜加上一两种素菜放在一个锅里炖，跟我们在益阳吃的火锅没什么两样。吃过饭，我们就打车到了景区。买好门票，进去后，有景区环保车免费接送游客到达各个景点。因为进入景区时已经快下午四点了，司机推荐我们就在金鞭溪玩一玩，不要上山了。司机的推荐果然是正确的，我们在金鞭溪站下了车就看见溪水里站满了人，可见这个景点非常吸引游客。清澈的溪水从大大小小的石头上流过，沁凉透骨，在这样炎热的天气里，把双脚泡进去自然是舒服不过了。儿子穿的是凉鞋，他没脱鞋就第一个冲到了溪水里，我们三个脱了鞋袜也下了水。在溪水里泡了一个多小时后，天色已晚，我们就准备回去了。等环保车的时候，人非常多，我们排了一个小时的队才上车。晚上我们待在酒店没有再出来，养精蓄锐准备明天好好爬山。

18 号，在酒店吃了简单的早餐，将近八点我们再次从标志门进入景区，在百龙天梯站下车，乘坐了“世界第一梯”，门票 72 元。此梯运行高度 326 米，2002 年开始营运，单梯可搭载 64 人，速度 5 米/秒。其实坐完这个一分多钟的电梯后，我们都觉得不太值得，因为里面人太多，速度又快，加上早上有雾，我们在里面什么都没有看到。不过这确实为我们上山节省了很多体力。到达山顶后就是袁家界，我们乘坐环保车到达后花园停车场，然后从这里开始步行游览。因为没有请当地的导游，我们的游览纯属观赏，很多奇峰怪石看不出什么道道，只是觉得每一处都很美，每一个拐弯都是一道风景。唯一的遗憾是游人太多，行走起来并不顺畅，尤其是在“天下第一桥”这一段路，游人摩肩接踵，比较好的观景点更是人满为患，水泄不通。因为有观景的人贪恋美景不肯前行而堵住了道路，有游客开始破口大骂起来。好不容易通过了这段最堵的路程，我们到达“天下第一桥”乘车点，搭车到了天子山。此时大家都已经没有什么力气游天子山了，而且两个小朋友都很想坐索道，于是我们直接坐索道下山。成人票72元，价格和天梯一样，然而给我们的感受却是完全不同的。蕾蕾和佳佳都是第一次坐缆车，我和儿子上一次坐缆车的记忆也已经模糊不清了，所以大家都感觉特别新鲜和兴奋。缆车非常平稳安静，玻璃窗外耸立的群山以另外一种角度呈现在眼前，每一秒都有新发现，旁边还有上山的缆车不停飘过。大家兴奋不已，拿出手机拍个不停。下山后就到了昨天经过的十里画廊，我们搭上环保车又到了金鞭溪，因为小朋友们对水真的是毫无抵抗力，大人们也愿意让孩子们在水里玩，自己坐在岸边好好休息一下。儿子像昨天一样再次摔在水里，成了落汤鸡，不过今天我有所准备，带了替换的衣服。从金鞭溪回到酒店休息了两三个小时后，晚上我们游了溪布街，这是张家界非常有名的购物美食街，里面有各种特产店、饰品店，还有酒吧一条街。我们买了大堆的特产，晚上十点左右才回到酒店睡觉。

19号，我们通过滴滴打车到达景区的另一个入口——森林公园，因为从这里进去游黄石寨比较近。先坐缆车上山（65元），然后开始步行游览。这里十步一景，每隔一段路就有一个观景台，可以观看到对面的奇峰异石，每一处都有绝美的名字，如天桥遗墩、五指峰、夫妻岩、天然壁画、前花园等。在这里我们第一次看到张家界的猕猴，它们就坐在游览路径旁的扶手上，或者挂在树梢上，一点都不怕人。如果有人试图喂食，它们会上前哄抢，完全等不及游客们投喂，这样很容易伤到游客，因此景区的警示牌上写着"不要逗引喂食"。我们经过猴子出没的路段时，旁边一个小朋友可能是想去摸一只蹲在台阶上的猴子，就被这只猴子挠了一下，当场吓得惊声尖叫。此时，儿子正要我从包里拿豆豆去喂食猴子，看到这一幕后，吓得我们不敢拿了。然而已经有另外一只猴子可能是听到我拿零食的声音，立马赶到我们前面蹲着，死死盯着我们。我和儿子在原地站了一分钟，让它看清楚我们手上没有吃的，然后才从它身边走过去。后来我们到达山顶后，在医疗站还看到一个二十来岁的小伙子胳膊被猴子挠出了血，这下我们对这里的猴子爱意全无了。我们在山顶随便吃了点东西，打听到如果步行下山还要两个小时，就不想走了。带着孩子爬山战斗力就是这么弱，于是又坐索道下山，转乘中巴车回酒店。

晚上在溪布街逛了一下，然后早早地回了酒店。打开电视刚好是奥运羽毛球男单半决赛林丹对阵马来西亚的李宗伟。我们四个人对着电视机给

“超级丹”加油，最后一局的时候他努力挽回三个赛点，可惜最后还是以20-22输给了李宗伟。这对相爱相杀的对手在赛后相拥并交换了球衣。这样一场精彩的对决，谁输谁赢都是王者。

20号，上午九点半退房，中巴车一个小时就把我们带到了火车站。取了票、寄存了行李后，我们在车站旁边的购物中心吃了饭，休息了一会儿，两点上火车，六点多回到益阳。

2016年8月20日

苏仙岭三绝碑

每年放暑假的时候，我和儿子总有几天是在路上的，带他出去走走看看。今年安排的路线是一路向南，经长沙、衡阳、郴州，然后到深圳跟异地打工的爸爸汇合。

这是一场走马观花般的火车之旅，在长沙、衡阳参观了海底世界、回雁峰和石鼓书院后，我们就到达了郴州。到时已经是傍晚时分，也没什么力气出去看夜晚的郴州，早早在火车站附近的酒店里睡着了。

第二天醒来时居然已经八点零七分，我赶紧叫醒儿子，匆匆洗漱，在附近的面包店买了些糕点当早餐，然后就在酒店对面的公交车站上了公交车。我们此行的目的很明确，就是要亲眼看看苏仙岭上那块著名的三绝碑，还有当年关押张学良将军的地方。

苏仙岭离火车站很近，公交车没几分钟就到站了。我们在售票处买了门票，五十五元。但如果是在早上六点半之前或者晚上进入，票价只需要五元。进入景区后，我们没有一丝犹豫，一路朝着三绝碑的方向走，路过的白鹿洞啊、桃花居啊都没有把我们拉走，现在想想沿途都有些什么风景，全然忘却了。不知道走了多久，儿子好像没有什么意志力了，开始抱怨起来。我不断给他打气，但是以前没来过，不知道距离还有多远，只能用自己也不信的语气告诉他“快要到了，快要到了”。终于，在经过一段曲折路径的跋涉后，我们看到了这块三绝碑。

三绝碑长52厘米，宽46厘米，上面刻有北宋词人秦观流放郴州时所写的《踏莎行·郴州旅舍》词：

雾失楼台，月迷津渡，桃源望断知何处。
可堪孤馆闭春寒，杜鹃声里残阳树。
驿寄梅花，鱼传尺素，砌成此恨无重数。
郴江本自绕郴山，为谁流下潇湘去。

秦观在这首词里对自然景物的描绘细腻如丝，寓情于景，读之瞬间能对词人在异乡的孤寂和思乡之情感同身受，对人生归宿的迷惘困惑深深共鸣。也许大半生在流放之旅的苏轼正是从这首词中读懂了秦观这番凄凉悲楚，他才在秦观辞世后悲痛异常，挥毫落墨写下跋语：“少游已矣，虽万人何赎！”后来米芾用他俊迈不羁的笔法录下这首词和跋语，以纪念两位旷世奇才。南宋咸淳二年，郴州知军邹恭感叹三位大家手笔，命人镌刻于白鹿洞附近的石壁上，于是成就了这块“秦词、苏跋、芾书”的三绝碑。我和儿子在碑前流连良久，细细观摩，仿佛穿越时空看到了一代词人在逆境中的挣扎、现实与理想碰撞中的无奈。

看完三绝碑，我们沿着青石板台阶一步步爬，以为爬到尽头后就是苏仙观和少帅室。可等我们气喘吁吁地爬完这些楼梯到达一个站点后，才发现还得走上几公里才能到达。此时我们已经走了将近两个小时了，都不想爬了，也爬不动了。刚好有观光车经过，我们就搭上车，借助车力很快就到达山顶。我们没有走苏仙观的正门，而是走后门直接进入少帅室。两间小小的房子里，一间陈列着将军的头像和事迹，一间是卧室，简易的一桌一椅一床。踏入馆内，一幅幅历史照片、一件件珍贵文物，将那段风云激荡的岁月生动地呈现在眼前。“九一八”事变后，张学良力主停止内战一致抗日。1936 年 12 月 12 日，他与杨虎城发动了震惊中外的“西安事变”，震醒了当时沉迷于内战的各方势力，为国共第二次合作、全民族抗战创造了契机，推动了历史的转折，其伟大意义不可磨灭。西安事变和平解决后，张学良将军亲自送蒋介石回南京。之后张学良将军被蒋介石囚禁。从 1936 年到 1946 年，先后被转移十二处囚禁地，苏仙岭是第六处。直到 1990 年，张学良将军才彻底恢复自由身。张学良将军那种对国家和民族深沉的爱，深深触动着我的内心。他虽身陷囹圄，信念却从未动摇，这份执着让人敬仰。虽然其一生颇受争议，但也为国家贡献了力量，是促进国共合作的关键人物。他的一生，是对家国情怀最深刻的诠释，前人的事迹将永远激励着我们在新时代为祖国的繁荣昌盛不懈奋斗，铭记历史，珍惜来之不易的和平，以行动传承先辈精神。

从少帅室出来，我们坐观光车下山，依旧乘坐公交车，返回酒店退房——下一站，深圳。

2016 年 8 月 24 日

一路向东

南 昌

7 月 15 日，我带上儿子登上从益阳火车站出发的火车，开始我们的东部城市七日游。

找到卧铺床位后，儿子轻轻地问我：“他怎么了？”我诧异于他声音里的小心翼翼，扭头一看，吓了一跳：对面躺着一个跟儿子年纪差不多的小孩，身上脸上不知道什么原因都是伤，红红的皮肤加上有些变形的嘴，真的有些瘆人。我稍敛心神，故作轻松地回答儿子的问题：“可能是受伤了吧。”我看不出来儿子心里害不害怕，只见他拿出书来准备看书。此时对面的孩子可能身体不太舒服，在卧铺上不停地翻身。我冲着儿子说：“要不你给弟弟读读书吧！”儿子欣然答应了，也不管对面的小朋友愿不愿意听，他就读了起来。后来他们两个熟络起来，在一起说了不少话。在长沙站这个小朋友下车了。之后儿子在火车上摆弄了一会儿自己的玩具，画了一会儿画，吃了饭，看了一会儿动画片。当八个小时的车程还有三四个小时的时候，他终于是耐不住性子，几乎每隔一个小时就要问一次还要多久到站，闹得我想睡一会儿都不行。

晚上七点二十三分，火车终于准点到达南昌。我们在酒店办理好入住手续后，迅速打了滴滴到秋水广场，刚好赶上第一场音乐喷泉表演。这里的喷水池面积约 12000 平方米，主喷高达 128 米。喷泉以高楼大厦为背景，气势恢宏，震撼人心。与滕王阁隔江相望，灯火通明的八一大桥也在不远处，夜色喧哗，一眼无边。只是人山人海，我带着儿子怕他走丢，总不能安心欣赏。看完喷泉，我们就在广场走了走。儿子看到一个写着“玛雅探险”的神秘屋子，以为真的是什么探险的节目，硬要我买票进去，还信誓旦旦地说自己不会害怕。结果走到入口时，一看里面黑乎乎的，他就止步了。票是不能退的，我硬拉着他进去，里面各种怪物猛兽不时冷不防跳出来，我们两个人一路尖叫，在里面狂奔。感觉快到出口的时候，却爬出来一具尸体状的东西，儿子扭头就跑，我也慌了神，一时又找不到出口，只好拉住他站在原地大声喊：“我们要出去！我们要出去！”工作人员进来把我们带出去了。我自己吓得半死，但是又不想把这种胆怯的情绪传染给儿子，只好摸摸他的额头，询问他的情况。他看上去已经若无其事了。

回到酒店时已经夜里十一点多了。

在南昌的第二天，预先安排的路线是：纪念塔—少年宫—八一起义纪念馆—滕王阁—江西科技馆。

到达八一广场时，我们才发现这里的部分设施正在改造中，广场的主出入口都被围起来了，正常通道显然是进不去的。后经当地人指点，才告诉我们从哪可以进去。踏入广场，庄严肃穆的氛围扑面而来，我们看到了雄伟的“八一南昌起义纪念塔”。这座塔高 53.6 米，塔身呈长方体，顶部有一个巨大的五角星，象征着中国共产党的领导。塔身正面镌刻着“八一南昌起义纪念塔”九个金色大字，下方是起义的浮雕，展现了起义军英勇战斗的场景。塔的基座四周有四面浮雕，分别描绘了起义的准备、战斗、胜利和军民团结的情景。瞻仰着这座伟大的丰碑，我们内心满是震撼与崇敬。八一南昌起义纪念塔高高耸立，成为无数仁人志士为革命前仆后继的无声见证，让我们仿佛置身于那段波澜壮阔的峥嵘岁月，感受先辈们为国家独立、民族解放不惜抛头颅、洒热血的英勇无畏。四周的绿树繁花，在这片承载着厚重历史的土地上，愈发显得生机勃勃，激励着我们传承先辈精神，奋勇前行，为如今的美好生活贡献力量，让先辈们的牺牲与奉献永远被铭记与缅怀。

之后的少年宫和纪念馆我们都是走路去的。儿子表现真心不错，在这样酷热的天气里仍然愿意跟着我在一座陌生的城市里摸索。然而我们找到的少年宫让我们在盛阳下的一番跋涉显得有些徒劳——这里的少年宫除了一些特长培训中心，就没有任何其他值得探索的东西。我们扭头就去了八一起义纪念馆。也是到了才发现纪念馆也改造中，要闭馆到七月底。垂头丧气的母子两人继续穿行在南昌市，好不容易找到地铁站，坐地铁到达滕王阁。滕王阁一共六层，每一层都有相关背景资料展出，我想认真看看，奈何儿子没这样的想法，一层一层跑得特别快。我们就这样在滕王阁“跑”了一趟，我事先抄录好的、准备让儿子在顶层朗诵一番的《滕王阁序》也没有派上用场。最后一站是江西科技馆。这里主厅免费，但是旁边的儿童科学乐园门票需要十元。儿子一进到馆里就被吸引住了，在各个主题区探索，像一匹没有缰绳的小马。他看到一个管道传声的装置，就要我把耳朵贴在一头，他在另一头说话，然后再换过来。我从管道口问他：“你今天玩得开心吗?”从管道里传来他清晰的回答：“我今天玩得很开心!”科技馆四点半就闭馆了，我们出来后沿着中山路走到一家必胜客吃了晚餐，然后坐 232 路到达火车站，坐二十点五十分的火车去往下一站——杭州。

杭　州

第一日路线：火车站—西湖—三潭印月—河坊街—江南红楼—西湖文化广场。

早上七点半，火车到达杭州火车站，昨晚儿子在火车上睡得还不错，火车进站了才被我叫醒下车。出站后，我们在永和大王吃了早餐，然后搭乘 7 路公交车到西湖景区（东坡路平湖路口下）。神往已久的杭州西湖像一块碧玉一样静静地躺在那里，各式小船、画舫穿梭在湖面，悠闲自在，与远处城区的喧嚣形成鲜明的对比。湖边树上栖息着许多鸽子，还有小松鼠，我们逗了一会儿鸽子，就买了票（成人 70 元，儿童 35 元）上了兰楫号画舫。这是接待过 G20 峰会各国首脑的船。船行湖面，才感觉坐在上面看风景一点也没有在岸边想象的那么悠闲，船上人多，而且大多数都挤在船头和两边看风景，我们这些老老实实坐在船里面的人视线完全被挡住。所幸只需要十来分钟就到了三潭印月岛。一上岸，儿子懒虫上身，抱怨着腿酸要去酒店。我好说歹说拉着他在岛上走了一圈。三潭印月岛又叫小瀛洲，岛在湖中，岛中有湖，夏日的荷花亭亭玉立，细长的小鱼在岛中湖里欢畅地游。我们还看到了一元纸币背面现实版的石塔。据说每到中秋，每座石塔上就会点起五根蜡烛，烛光就像月亮一样，加上湖中影像，以及空中月、水中月、心中月，一共三十三个月亮，这就是西湖十景之一“三潭印月”。参观完这座小岛，我们重新坐船到钱王祠上岸，然后打车到河坊街的七天连锁酒店办理入住。稍微休整后，就在酒店旁边的江南红楼吃杭帮菜。我们点了东坡肉、西湖蜜汁藕、盐水湖虾和虾油鸡，都很合我们的口味，儿子甚至吃了两碗饭。下午太热，就没有再出去逛，在酒店休息到下午五点半我们才出来。坐地铁到达西湖文化广场，这里有杭州第一建筑环球中心，博物馆、自然博物馆、文化馆和科技馆也聚集在这里，东西广场都有喷泉，可惜只在周五、周六开放。我们在这里的德克士吃了晚餐，然后逛了博客书城，就原路返回酒店了。

第二日路线：自然博物馆—程允贤雕塑馆—省博物馆—苏堤。

自然博物馆是最吸引儿子的地方。馆舍面积8000平方米，馆藏标本10万余件。目前陈列展出的有动物、植物、地质史、恐龙、海洋动物、人体科学和科技角等七个专题，融知识性、科学性、趣味性于一体，是一个规模庞大、内容丰富的自然科学综合陈列展览馆。儿子在这里浏览了两个小时还不尽兴，后来参观完其他地方又进来了一次。

西湖文化广场上的省博物馆是武林馆区，武林馆很大，有四层，全部看完是有些累的，不过真的非常值得。大概的结构是：负一层，临时展厅，一层，越地长歌浙江省古代史固定陈列，二层，钱江潮——浙江省革命历史纪念馆，三层，非物质文化展（第一个厅是书画临时陈列，第二个厅是非凡的心声——古琴展示、意匠生辉手工艺展示和十里红妆婚嫁习俗展示）。

在程允贤雕塑馆我们没有停留很久就出来了，坐地铁转公交车去苏堤。苏堤不愧是著名的旅游景点，我们到时这里已经人山人海。站在马路边的入口处，望着密密麻麻的人头，我们一点都没有进去走一走的欲望，而且我们还要赶火车，如果现在强行挤入这参观的人流，万一出不来，肯定会误了火车的。于是我们放弃了苏堤，就地打出租车准备去火车站。此时正值下班高峰期，司机们各种拒载，都不愿意去火车站。我们在路边急得像热锅上的蚂蚁，一个开私家车的小伙子看见了，就叫我们上车，他把我们放在一号线附近，我们坐地铁几分钟就到了火车站，顺利坐上去上海的车，晚上八点准时到达上海。

上　海

第一日：上海迪士尼乐园。

早上七点从酒店出发，地铁9号线转11号线约五十分钟就到了迪士尼站。再步行走几分钟就到了上海迪士尼乐园。九点不到，这里已经是人山人海。所有游客都是先过安检再验门票，安检时要开包检查，我们的防晒喷雾被没收了。排队一个小时左右终于进场了，我事先在手机里安装的上海迪士尼度假区App这时派上了用场，哪里需要排队、要排多久、哪里什么时候有演出都一目了然。三大热门的游乐项目（创极速光轮、雷鸣山漂流、飞跃地平线）显示已经需要排队两小时。我们放弃这些热门项目，快速去找昨天晚上设计路线的第一站。上海迪士尼乐园一共有六个主题园：明日世界、梦幻世界、宝藏湾、探险岛、奇想花园和米奇大街。我们准备按照明日世界—梦幻世界—宝藏湾—探险岛—奇想花园—米奇大街的顺序游玩。因为天气热，前面的项目都是室内，等到下午三四点太阳没有那么烈的时候就可以游其他地方了，而且游到奇想花园时肯定已经是晚上了，那时候的旋转木马肯定最好看，坐完旋转木马刚好烟花表演也快开始了。这样的安排简直完美，于是我们直奔明日世界，先进去的馆是雪佛兰数字挑战。在这里可以自己动手设计跑车，可以虚拟测试灵思性能。第二站是星球大战远征基地，这里是儿子最爱的地方，BB-8、R2、光剑、千年隼、达斯·维达、凯洛·伦等星球大战的人物和道具在这里一一陈列，他在这里看了很久很久。第三站叫喷气背包飞行器，排了一个小时就为了坐一分钟。这个所谓的飞行器就是一个大圆球上有十来个伸出的座位，可以自己调节高度。这个其实跟以前我们在益阳秀峰公园坐过的小飞车差不多，只不过迪士尼乐园里这个“喷气背包飞行器”名字显得更高大上而已。坐上去体验一番之后，我还是感受到了一点差别：高度更高、速度更快。

在星露台餐厅吃完简单的中餐（东西真心简单，但是价格不简单，一个猪柳套餐 85 元）后，我们离开了明日世界，往梦幻世界走。在这里我们看了《冰雪奇缘：欢唱盛会》（舞台表演一般般，但是最后撒下来的是

真的雪花，虽然雪不大），玩了疯狂蜂蜜罐，走了爱丽丝梦游仙境迷宫。这里的七个小矮人过山车排队队伍也是巨长，我们没有去凑热闹了。走啊走，就到了宝藏湾。船奇戏水滩和探秘海妖复仇号都不需要排队，我们就在里面逛了一圈，戏水滩很适合小孩子玩，可以玩水。后来我们看到一队夏令营的小朋友都往一个方向跑去，估计是什么表演要开始了。我赶紧拉着儿子就跟了上去。原来是“加勒比海盗：沉落宝藏”开始排队了。这次真是不虚此行，我们坐上一艘可容纳几十人的露天船，在黑漆漆的河道里转了一会儿之后就进入了寻宝之旅。整个路线是用3D手法将我们带入电影加勒比海盗的寻宝路线，让人身临其境，心随景动。后来体验的“风暴来临：杰克船长之惊天特技大冒险”完全不能跟这个比，因为我们看了十分钟实在是看不下去了，就提前出来了，而且提前离场的观众还蛮多的，可见节目并没有什么吸引力。走到探险岛时，已经是下午四点多，我们其实都已经没什么力气了，儿子要求回酒店，我说去看了漫威英雄总部后再说。我们跳过探险岛直接到了奇想花园的漫威英雄总部。已经很累的儿子一进入这里又精力充沛了，他特别喜欢钢铁侠，在七个版本的钢铁侠战甲前看了好久。从漫威英雄总部出来我们又去了雪佛兰数字挑战，儿子在那里又玩了半个小时我们才准备回去。此时已经晚上七点了，夜幕降临，灯光开启，旋转木马和奇幻童话城堡在灯光映衬下梦幻极了。我其实很想看完八点半开始的烟火表演后再走，可是还要一个多小时才开始，而此时我们的腿都已经迈不动了，如果看完再离开，那么回到酒店时肯定会很晚很晚了。于是在儿子的催促下，我依依不舍地带着他离开了上海迪士尼乐园。

第二日：上海自然博物馆。

昨天我让儿子自己在自然博物馆和科技馆中二选一，因为时间紧迫，两个馆相距甚远，肯定是来不及都去一趟的。他选了自然博物馆。我们早上八点退房出发，早餐买了些面包在去地铁的路上就解决了。乘坐地铁9号线在马当路换乘13号线，很快就到了自然博物馆站，一号出口出站右手边就是售票处。1.3米以下儿童免费，成人票30元。我昨晚做了功课，入场后直奔负二层，去探索中心领了化石挖掘的预约券。然而来这么早也没有领到十点的券，只领到下午一点半的。之后我们就从二层开始慢悠悠地往下游览。上海自然博物馆以“自然·人·和谐”为主题，通过“演化的乐章”“生命的画卷”“文明的史诗”三大主线，设置了“起源之谜、生命长河、演化之道、大地探珍、缤纷生命、生态万象、生存智慧、人地之缘、上海故事、未来之路”等10个常设展区及临展厅、4D影院、探索中心等配套功能区域。我们穿梭在各个展区，深刻感受到了这座集科技与人文于一体的场馆魅力。

上午十一点左右，我们在第四层的餐厅吃了简单的一餐，然后继续逛。一点一刻的时候去探索中心排队。儿子穿上了外套和鞋套，戴上防护眼镜，俨然一副小考古家模样。他跟着小朋友们在模拟挖掘地挖化石，我隔着玻璃窗给他拍照。半个小时后他出来了，兴奋地对着我说：“我挖到了四块化石呢！两块大的，两块小的！”看着他高兴的小脸，顿时觉得昨晚熬夜看攻略也都值得了。出馆后，我们搭乘955路公交车到达上海火车站，坐高铁去南京。

南 京

快晚上七点到达南京站，入住酒店后就打车到达夫子庙古秦淮牌坊，在状元及第吃了秦淮小吃后就去买票夜游秦淮河，晚上成人票80元，1.2米以下儿童半价。队伍很长，正值盛夏，哪怕已经是夜晚了，站在队伍里也觉得很热。景区没有任何降温设备。排了将近一个小时后才上船，小画舫上也没有空调，玻璃窗不能完全打开，真是为难了怕热的我们。然而等到船行起来，秦淮河的夜景让这一切都微不足道了，身体还是热的，但是心慢慢静了下来。两岸的夜景与我们前几天在南昌看到的赣江夜景相比，又有它自己独特的韵味。古色古香的建筑，玲珑别致的小桥，随着画舫的前进一帧一帧进入眼帘，一步一景，美不胜收。“舟泊秦淮近晚晴，遥观瑞气在金陵。”秦淮河的水在夜色里静静流淌，仿佛它就这样流淌了千年。

在南京的第二天早上，等儿子睡到自然醒时已经九点多了，洗漱完毕，我们就退房离开了酒店。今天天气很热很热，所以我们决定只去先锋书店五台山店，去见识一下中国最美书店长啥样。坐公交车 303 路在脑科医院站下，走几分钟就到了中山路，再走没多久就看到一条绿荫浓郁的小巷，进去就是先锋书店了。书店的大门真的是低调极了，然而进去之后就会发现别有洞天。这个书店是由防空洞改建的，面积非常大，只觉得铺天盖地都是书，还有一个区域是专门卖一些小玩意的。走在店里只觉得心虚得很，原来自己已经很久很久没有静下心来读过一本书了。儿子在书店的各个区域穿来穿去，最后拿了本漫画书坐在阅读区的沙发上看了起来。要离开的时候，我们买了些书和玩具，在店内的咖啡厅吃了三明治、喝了饮料。出来坐 6 路车转地铁 3 号线转 S1 线去禄口机场。两点多到达机场，办理完值机和安检，离登机还有很长时间，幸亏候机厅里有个儿童乐园，儿子可以在那里打发时间，他和其他小朋友玩得很开心。五点钟我们慢悠悠地吃完晚餐，六点半坐摆渡车去上飞机。第一次坐飞机，儿子特别激动，但是他也有一些小担心，不停地问飞机会不会出事，我还能怎么回答呢？八点半，飞机安全落地，我们终于回到了湖南地界。儿子说要送个礼物给这架飞机，因为它，自己的第一次飞行安全顺利。

七天的“一路向东”就这样画上了一个圆满的句号，有些累，可也收获满满。每一天的所见所闻都像是一幅画卷，印着不同的色彩和故事；每一次的启程与驻足，都是身心的一场锤炼与成长。希望未来的某一天，当我们缓缓打开这些画卷时，那些行走在路上的点滴回忆依然能鲜活闪耀，带我们重回那段充满自由与探索的时光。

2017 年 7 月 21 日

柳侯祠三绝碑

一大早，我带着儿子跟几位同事从酒店出发一起搭乘快 1 路公交车去柳侯祠。目的地比较远，坐车加上走路的时间，就已经快要耗尽儿子的耐心了。这么热的天，他原本是不想出来的，但是我想去看看那块三绝碑。

柳侯祠不大，我们很快就找到了三绝碑。碑石在晨光里泛着温润的光泽，仿佛一块沉睡的玉。我凝视碑文，感受着先贤风骨。韩愈的诗文、苏轼的笔墨、柳宗元的德政，“唐宋八大家”里的三位巨匠在此交汇，凝结成这座不朽的碑石。“韩文苏书柳事”，是为三绝。

柳宗元被贬柳州的四年里，“不鄙夷其民，动以礼法”，最终“民业有经，公无负租，流逋四归，乐生兴事”。柳宗元辞世后，旧友韩愈作《柳州罗池庙碑》一文记录柳宗元踔厉奋发的柳州岁月，详细讲述了柳州百姓对柳宗元的爱戴之情。后来苏轼曾手书该文中的《迎享送神诗》片段，其辞曰：

荔子丹兮蕉黄，杂肴蔬兮进侯堂。
侯之船兮两旗，度中流兮风泊之，待侯不来兮不知我悲。
侯乘驹兮入庙，慰我民兮不嚬以笑。
鹅之山兮柳之水，桂树团团兮白石齿齿。
侯朝出游兮暮来归，春与猿吟兮秋鹤与飞。

北方之人兮为侯是非，千秋万岁兮侯无我违。
福我兮寿我，驱厉鬼兮山之左。
下无苦湿兮高无乾，秔稌充羡兮蛇蛟结蟠。
我民报事兮无怠其始，自今兮钦于世世。

祠里的古树沙沙作响，应和着我无声的诵读。阳光此刻已洒满祠内庭院，三绝碑在光影中愈发庄严厚重，就像柳宗元那颗永远为民的心。

2019 年 7 月 24 日

此心安处是吾乡

我工作所在的城市是一个不太繁华的小城，家乡是其辖下一个县的农村。那是一个四面环水的人工岛，是祖辈一筐一筐泥土围成的，面积不足十平方公里，养育着五千多人。在地图上，这个洞庭湖里的小岛渺小到几可忽略。然而作为一个生长于斯的“岛人”，我是如此真切地感受过她的一呼一吸。因为四面皆水，又没有桥梁，村民们只能通过几个渡口的小船进出小岛，他们常自嘲“跨出门槛就要坐船，走三脚路就要过渡”，可见出行极为不易，导致村里闭塞落后。1997 年南方大洪灾她没有溃垸，我猜是因为 1996 年就溃了，但洪水退却后，防洪大堤得以加固，从而经受住了第二年的考验。溃垸那一年，我刚好考上高中，学校在另外一个镇上，离家太远，只能寄宿。我离开小岛时，未满十五，带着乡政府开具的灾区贫困生证明和父母东拼西凑的学费，跟着妈妈一起忐忑不安地去学校报到。这一走，高中、大学、工作、结婚、生子，走过人生旅途里一站又一站，却再也没有在小岛上连续住上超过两个月。现在回想，当时十五岁的自己对“家乡”一词肯定毫无概念，说不上不舍，只觉得是在该做什么事的时候做了该做的事情。

再到快十八岁离开家乡去往另一个城市读大学的时候，青春期的叛逆加上对小岛日渐衰败的失望，让我走得有点义无反顾。母亲坚持坐五六个小时的大巴车把我送到学校，她的坚持惹怒了我，我想自己尝试第一次一个人去两百公里以外的地方，她的同行破坏了我独闯天下的开幕式。我从高中开始就已经是个很“独”的人了，没什么朋友，自卑，永远佝偻着背行走，不善表达，在外人眼里也许是清高与傲慢，只有我自己明白我想当一个透明人，卑微到尘埃，别人就看不见了。明白这一点的还有后来的好朋友“甘子”，她懂我，懂当时的那个我。我至今想不明白高一就开始追我的初恋是怎么看上我的，那可是我人生中黑暗至极的一年。不管怎么样，我从理科班熬到文科班，三年很快过去了，高考不太理想，但好歹让我成为父母两边家人中的第一个大学生。如果上一次离开小岛时我还是懵懂无知的，那这一次我知道自己是清醒的，清醒地知道自己要逃离出去，要从洪水浸漫后的一片腌臜里剥离出去。

这么多年过去了，我现在经常回小岛看看，房子还是那个浸过水的房子，没有坍塌，只是更加破败；父母还是勤劳朴实，只是不再利索如前；小岛还是那座小岛，还是没有桥，没有出路，年轻人外出闯世界不管成功与否，很少有愿意再回来的，留下来的是叟妪稚童，看守着一座看不到希望的岛。岛上几乎看不到新建的房子，摇摇欲坠的危房也只是稍加修缮，东补一块西补一块，有时候一座房子，屋顶是新换的大红或大蓝彩钢瓦，墙壁却还是洪水浸泡过后的铁锈颜色，房内墙体斑驳，家具老旧，夹杂着儿女置办的崭新电视、冰箱、空调…… 我有时候望着岛上那些最近几年才日渐葱茏起来的树木发呆，满眼的苍翠欲滴、绿影妖娆，可我就是对这里爱不起来。洪水退尽后留下的淤泥阻塞了河道沟渠，多年不见疏通。以前一到“双抢”季节（农村夏天抢收、抢种），连成片的庄稼地里，饱实的禾稻在镰刀下卧倒，之后只剩禾茬的农田被耕牛翻耕再匀平，接着就插上了绿泱泱的禾苗以待秋收。如今，劳动力少了，种田成本高了，农田要么被租给别人作他用，要么就干脆任其荒废。这座岛，她带不来家乡应有的归属感，每一个生兹长兹的儿女，不是已经离开，就是在想着如何离开。

我敬赏寓娘义无反顾地跟着王定国流放岭南的勇气与魄力，陪着爱人在蛮荒之地度过三年多，归来时还能淡然地说出“此心安处是吾乡”。我特别喜欢她说的这个“安”字，安静恬适，心有所之，该是多么美好的境界啊！

2019 年 8 月 1 日

一个有趣的巧合

近日重读林语堂著《苏东坡传》，断断续续、慢慢悠悠地读，绵延半月有余，已读不过半本。今天读到苏东坡因写诗入罪即遭逮捕的片段时，酷我音乐里正放着瓦格纳的《女武神的骑行》。这真是一个有趣的巧合。

逮捕入狱本来是一件难过的事，林先生写来让人读着既揪心又好笑。前往湖州抓捕的朝廷钦差皇甫遵带着自己的两个儿子同行，而驸马王诜得知消息立马传信给苏子由，子由救兄心切，旋即派人前往湖州送信。两队人马一个抓，一个救，真是一场生死时速大比拼。我脑海里幻化出一个救人如救火的场面——宽阔无人的大道，被七月的骄阳儿欲晒化，远处一骑，由远及近而来，马蹄疾扬，带起身后一串尘土，马上人轻装简行，几日的骑行已经让他面有饥色，仍扬鞭策马，奔腾不息；后面不远处，一乘驷马官车紧追不舍，眼看就要赶上。此刻的背景音乐正好是《女武神的骑行》，音乐慷慨激昂，催人奋进。

因为途中御史的一个儿子忽然生病耽搁了半日，因此最后还是子由的使者先到。苏轼听闻消息，立即告假，让通判祖无颇代行太守事宜。家里人立即烧毁了许多苏轼的诗书，后在押解路上又烧毁许多，所剩不足三分之一。

钦差到达太守官衙时，里面乱作一团，苏轼不敢出来，却又没有其他办法，正欲出去，祖通判提醒他的着装，苏轼说："既有罪，不可穿朝服。”通判说“未知罪名，仍当以朝服相见”。于是苏轼穿上官衣官靴，面见钦差。之后，在御史台近五个月的关押与审问，苏轼一一熬过，最后被贬黄州。

2019 年 8 月 6 日

慎独

我很想知道自己回到曾经两位数体重后的样子，所以最近节食、暴走、苦睡。昨天傍晚独自一人走在校园里，我突然停下来仰望着将暗未暗的夜空，灰色的幕布里还透着蓝，东南方的一轮半月还不足以照亮夜空，头顶有闪烁的星光，我极力想看清楚这颗星星，但是视力 0.1 的裸眼永远抓不住那一闪即逝的光芒。我呆呆地站在星空下那条蜿蜒小径上，一分钟，两分钟。想起小时候跟大人们在晒场上乘凉，也是这样的夏夜，搬一床竹制凉板，放在晒谷场上，仰躺着看繁星点点。有蚊虫在耳边嗡嗡，被篾扇扇走，过一会儿又飞回来，扰人不疲。邻舍的长辈们也会搬个凳子过来聊聊家常，父亲有时候会用杂草、糠秕燃起一堆烟火驱蚊，母亲端出在井水里冰镇过的瓜果招待客人。我有时候安静地坐着，躺着，看星星，听大人们说话，有时候跟其他小孩子在月夜星光下的村路上狂奔，摔倒是家常便饭，爬起来继续奔跑，现在的伤疤成了儿时快乐的铁证。

人们常说，长大后人就不那么容易快乐了。我对此深信不疑。小时候，一条受惊弹跳的蚯蚓、一只找不到回家路的蚂蚁、一只会扇风的金龟子，都可以轻而易举吸引我们的眼球，与它们玩耍一阵子，时间就这么快快乐乐地过了。一把妈妈炒熟的蚕豆、一捧爬树偷来的酸枣、一颗捡来的鸭蛋，就能安抚肚里的馋虫，时间就这么心满意足地过了。等到长大，所有这些曾经给你带来快乐满足的东西，都成了你眼中的不屑。

我认为，人活一世，从出生到儿童、少年、青年、中年、老年，不管是自觉还是不自觉的，一直都在寻求能够让自己身心平和的东西，这种平和能够让自己发自内心地欢笑，成就快乐。初生婴儿在妈妈的怀抱中就能找到这种平和。随着我们慢慢长大，却越来越难找。哪怕是太平盛世，人的成长仍然是一个漫漫旅途、荆棘丛生、坎坷不断。这些荆棘刺痛了你，你也许会愤怒咆哮，也许会哭泣流泪。喊着喊着，哭着哭着，后来就不再喊不再哭了，因为有一副铠甲包裹着你，打造这副铠甲的，是伤害，是失望，是恐惧，是无数让你在寒夜彻骨心痛的一锤又一锤；当然，还有人世间至为美好的爱情、亲情、友情。人生的路就是这样在善恶两相交织的缠斗中被踏平的，路慢慢地好走起来，心却硬了。

有一天你会突然想起，你已经好久好久没有流过眼泪，你已经好久好久没有开怀大笑。这种想起也就只是偶然的一刹那，愣怔三秒，之后继续低头过活。直到有一天，在空荡的房子里，你读到一首诗，听到一首歌，不知道它触动了你心里的哪一根弦，眼泪就那么不能自已地流出来，你内心清楚地知道那不是因为悲伤，而是因为知道这个世界上还有一些莫名所以的东西在触动你的灵魂。

2019 年 8 月 11 日

中元节

今日中元，俗称“鬼节”“七月半”。据说，这一天生死无界，鬼门大开，是一年之中“魑魅魍魉”唯一能出来的日子。在农历七月半，人们有着焚烧祭品、祭祀先祖、祈求平安的习俗。全国各地习俗大同小异，都是寄托对故去先辈的思念，以及表达自己的敬畏之心，这些习俗的来由大抵都是几千年来道教“三元说”和佛教“目连救母”故事的综合。

农历七月半，我的家乡也有烧“包”祭祖的传统。这种“包”用黄色冥纸作里，白纸为封。冥纸三折成一掌宽两拃长，裹以白封，封皮上书“今当中元之期虔备冥资金银锞锭冥包……”“故祖妣×母×氏老孺人冥中受用”云云。初、高中的时候，七月半都是恰逢暑假，我是一定在家的。父亲、母亲笔墨不精，写封皮的差事自然就落在我身上。拿惯了钢笔、圆珠笔的手，执起毛笔来也只能算是“鬼画符”了，幸好是写给“鬼”们看的，也就胡来乱写一通了事。后来读大学的时候，母亲大病一场，到处求医问药，总不见好，几次三番从鬼门关路过。母亲慢慢熬着，坚持着，吃了一些药，也靠着意志力和良好的生活习惯，终于一点一点慢慢好起来。母亲好了之后，不太相信那些牛鬼蛇神的玩意儿，从此把那些道教、佛教的把戏抛诸脑后，我也免了“鬼画符”的差事。

现在自己成家立业，不坐灵台不参禅，自然没有七月半烧“包”的烦恼。但敬畏之心常有，所以今天只在正午阳气最盛时分出门买了菜。晚上一家人在一起吃晚饭，我特地做了一道鸭肉炖萝卜，“鸭”谐音“压”，寓意压住十方不祥之物。菜上桌的时候，还特意问儿子知道今天吃鸭的寓意是什么，他说“压邪!”这两个字言简意赅，恰表其义，比老母亲理解得透彻，省却我一番解释的劳苦。

年岁渐长，才慢慢读懂中元节的深意。它不只是俗世里的一份妥帖的精神慰藉，更像是一个厚重的文化载体，承载着一代又一代人对先人的绵长思念与深沉敬畏。在袅袅升起的烟火中，人们诉说着对逝去亲人的思念，感恩他们在过去岁月里的奋发有为，以及他们对自己的激励与鼓舞。在中元节里，每一项刻板的仪式都是不忘祖恩的郑重承诺，都是一场家族血脉与精神的无声接力。它已经不只是一个节日，更是一场跨越时空的心灵对话，我们怀揣着一份惦念与敬畏，体悟生死，然后更加勇敢地行走在这人世间。

今日中元，日落不出，不散发，早息。

2019 年 8 月 15 日

荷叶田田

秋初凉意起，眼看着夏日已尽，今年周立波故居的荷花却还没欣赏过一回，于是我们决定趁着今天周六大家都不用上班、上学，赶紧去周立波故居看看荷花。

开车十几分钟就到了，进入景区后，几个荷塘映入眼帘。荷花大多已经开败，连莲蓬都已采摘完毕，只剩下一些晚开的花苞和焦黑的莲盏在摇

曳的荷叶丛中左躲右闪。但是荷叶田田不改本色，放眼望去仍然是一片碧翠，令人赏心悦目。

我们在一个荷塘边停下，看到荷池里的田螺密密匝匝在水底铺了一层，有些还爬到了浮在水面的荷叶上，螺壳上长满了青苔，与莲叶契合无间，成了它们的保护色。成群的小鱼在清亮亮的水里游来游去，每一条都不足一厘米长，鼓着大眼睛，身体几近半透明。它们胆子似乎挺大，偶有声响也不见它们惊慌逃走，看上去笨笨的。然而等到儿子用一个塑料杯打捞时，却怎么也捞不着。后来我找来一个塑料袋，装了水敞着口沉入水底，再让儿子在旁边惊动水面把鱼儿往袋子里赶，这个“请君入瓮”之计挺好用，我们一下子抓了六七条小鱼，用塑料袋装了小心翼翼地提着，准备带它们回家。

旁边另有一个更大的荷塘，里面建了结实的木桥，四通八达地穿行在荷田里。人走在桥上，荷叶伸手可触，这样的身临其境让人有入画之感，怡然自得，物我两忘。荷叶、空气、蓝天，一切都变得更加可爱。一家三口漫步在荷塘边的木栈道上，孩子兴奋地指着水面：“看，荷叶上有小青蛙!”爸爸笑着蹲下，指着一朵还在开的荷花说：“这叫‘映日荷花别样红’。”我则拿出相机，记录下这温馨的一刻。偶尔有蜻蜓掠过水面，孩子踮起脚想触碰，却总是差了一点。

我们沿着清溪画廊慢慢往出口走，路上看到一台古老的打稻机，居然还能运转，儿子用力踩了几下踏板，体味了一下爸爸妈妈年少时劳作的场景。一路走一路看，不知不觉就到了出口。

夕阳西下，金色的余晖洒在回家的路上，给我们的身影镀上了一层温暖的光晕。回想起今天的周立波故居之行，心中满是宁静与满足。荷塘边的景色，那些残荷、田螺、小鱼，还有那古老的打稻机，都像是时光的使者，带我们穿越回了那个质朴而美好的年代。荷花虽已凋零，但荷叶的翠绿和莲蓬的清香，依然让人感受到生命的顽强与美丽。孩子的欢笑声，大人们的轻松惬意，构成了一幅和谐的画卷，让人不禁感慨生活的美好。

这次出游，不仅让我们欣赏到了自然的美景，更让我们在忙碌的生活中找到了片刻的宁静。它提醒我们，即使在现代社会的喧嚣中，自然的美丽和生活的乐趣依然触手可及。只要我们愿意停下脚步，用心去感受，就能发现生活中的每一份美好。希望在未来的日子里，我们能有更多这样的时光，与家人一起，去探索、去体验、去珍惜那些简单而纯粹的快乐。

2019 年 9 月 7 日

十洲公园

今天星期天，是家庭休闲日，我们准备去十洲公园看花海。孩子他爸早早地把平衡车拿出来充好电，九点多我们就出门了。一到地下车库，儿子就要上平衡车，我见了，想起他第一次上平衡车摔破脑袋的场景，就伸过手去，要扶着他。儿子一个劲地说“不用不用”，我说：“你还是让我扶着你吧，不是觉得你骑不好，是为了求我自己心安。”他这才扶住了我的手。

十几分钟后我们就到了十洲公园。这里地处资江风光带，资水盈盈百里，碧水映天。十洲公园就是这碧绿色长带上的一颗明珠，用这里的碧水蓝天、渔舟亭台、娇艳百花吸引着无数的游客。上午阳光温柔，我们一家三口漫步在十洲公园的小径上，享受着这难得的悠闲时光。公园里的景色依旧迷人，花海如织，绿树成荫，江水在阳光的照耀下波光粼粼。儿子手里拿着风筝，兴奋地讲述着刚才自己尝试着放风筝的趣事，他的笑声清脆悦耳，回荡在空气中，映衬得这个春日更加生气勃勃。

今天天气晴好，宅家的人们都出来了。大多是全家出动，在公园里放风筝、赏鲜花，一时间人声如潮、风筝竞高。安静多时的十洲公园也因此有了灵气，一片片紫云英、车轴草、油菜花在柳絮飞扬、柚花溢香的公园里竞相开放，互比争春；蝴蝶在花间翩翩起舞，蜜蜂在蕊中忙碌穿梭；微风轻拂过江面，泛起层层涟漪，倒映着蓝天白云；阳光普照，温暖着每一个角落，唤醒了沉睡的大地。

孩子他爸带着儿子在江心岛再次尝试放风筝，风力不够，放了好几回都没有将这只老鹰风筝放飞。两个人也不气馁，理好缠绕的线盘，一遍遍地尝试，不知不觉就跑了好长的路。等他们都累了，我接手试了一下，跑了好长一段路，边跑边放线，以为要飞上去的时候，只见这“老鹰”摇摇摆摆不肯就范，落到了油菜地里。儿子跑去捡了回来，我再试的时候，刚好有风，这风筝见风就飞，不一会儿五十米的长线就放完了。在一旁观摩的儿子慢慢掌握到了诀窍，收回来的风筝被他再一次成功地放上天去。后来风势渐小，再也没法飞高，我们就收了风筝，慢慢往回走。

这次出游，让我深刻感受到生活的美好。看着儿子无忧无虑的笑脸，我更加坚信，无论未来有多少挑战，只要我们一家人在一起，就能克服一切困难。这次出游不仅让我们放松了身心，也让我们更加珍惜彼此的陪伴，珍惜每一个平凡而美好的日子。

回家的路上，夕阳洒在身上，暖暖的，仿佛是大自然给予我们的温柔拥抱。我牵着儿子的小手，心中充满了感激。感谢这美好的时光，感谢家人的陪伴，感谢生活给予我们的每一份美好。希望未来的日子里，我们能有更多这样的时光，去探索、去体验、去珍惜那些简单而纯粹的快乐。

2020 年 4 月 12 日

碧云峰记

在益阳生活了这么些年，说来惭愧，大名鼎鼎的益阳最高峰——碧云峰，我们竟一直未曾涉足。今日晨起，抬眼望去，碧空如洗，暖阳高悬，这般晴好天气实在难得，一家三口一合计，先去接了孩子的爷爷奶奶，然后就向着碧云峰进发。

短短半个小时的车程，眨眼间便到了目的地。停车场里，不少车辆正准备直接驱车上山，可我们一致决定用脚步丈量这座山峰。刚到山脚，碧云峰那“小庐山”的美誉便得到了印证。放眼望去，佳木葱茏、花草繁盛，仿佛一幅绚丽多彩的画卷在眼前徐徐展开。奇妙的是，还未真正开始登山，就看见一挂瀑布从山腰处倾泻而下，水流奔腾，肆意冲刷着一块巨石，瞧这汹涌的势头，让人不禁遐想，假以时日，这块巨石恐怕真要被这不知疲倦的水流冲击得七零八落。

登山之路，远比想象中艰难。山势陡峭险峻，诸多路段坡度近乎四十度，每迈出一步，都仿佛要耗尽全身力气。没一会儿，我就体力不支，脚步虚浮，只能一步一挪，咬牙坚持。儿子意志不太坚定，才刚开始攀爬，就嚷着“我要回去”，大家都没理会他这孩子气的话语，他也只好心不甘情不愿地跟着队伍往上挪。好在山路是人工修建的水泥路，坡面虽陡，却也能让双脚稳稳着地，不至于打滑。渐渐地，大家似乎找到了攀爬的节奏，不知不觉竟已走过半程。此时，旁边的山林中，一条蜿蜒曲折的小路若隐若现，看样子是那些想抄近路的人硬生生踩出来的。小路上免不了有些蛇虫鼠蚁的困扰，但是孩子他爸和爷爷决定顺着这条山林小道冲刺至山顶平台，我带着奶奶和儿子一老一少沿着盘山水泥路继续前行。

一路上，登山的人群络绎不绝，有正奋力向上的，也有已然登顶凯旋的。我们走走停停，历时两个多小时，终于抵达了山顶平台，一家五口也汇合了。抬眼望去，顶峰近在咫尺，仅有几十米的距离。可这通往顶峰的台阶，近乎垂直，令人望而生畏，攀爬难度可想而知。爷爷奶奶心疼孙子年幼，又顾及自身体力，便决定带着他留在平台，悠然欣赏这山间美景。我和孩子他爸想着“来都来了”，毅然决然地向着那最后的高峰一级一级攀爬而去。短短十来分钟，却好似过了许久，一番努力攀爬之后，二人终于成功登顶。

令人意想不到的是，在这看似绝境的山顶，竟还错落着几户山居。只是柴门紧闭，岁月的痕迹在其上清晰可见，房屋年久失修，在山风的吹拂下，摇摇欲坠，透着几分荒凉与孤寂。然而，当俯瞰山下景致时，却被眼前的美景震撼得说不出话来。群山连绵，此起彼伏，像是大地沉睡时的呼吸韵律；山上树木郁郁葱葱，繁茂如织锦，仿佛一片绿色的海洋波涛汹涌；云雾在山间缭绕，如烟似幻，恰似人间仙境。此情此景，果真是应了那句“一峰截天碧，云气浸衣裳”，让人沉醉不知归路。

下山时，双腿已然发软，这才真切体会到什么叫“上山容易下山难”。幸运的是，山间鸟鸣声声，清脆动听，不绝于耳，泉水叮咚作响，声声入心，似有一种神奇的魔力，将满身的疲惫与尘埃洗净，把登山的困乏一扫而空，一时间，竟也不觉得有多辛苦了。儿子像是突然充满了能量，远远地跑在前面，率先抵达山脚。

这一趟碧云峰爬山之旅，历时三个多小时，爬的时候双腿沉重如铅，每一步都迈得极为艰难。但回想起登山途中的挥汗如雨，登顶那一刻的畅快淋漓，心中满是成就感。这一路的艰辛与美好，都将化作记忆深处的珍宝，熠熠生辉，永不褪色。

2020 年 5 月 31 日

诈囍

看《这！就是街舞第三季》杨文韬、Cici 作品《囍》有感而作：

诈囍
檐铃脆响故人归，
红衣缱绻两相偎。
晨曦初乍破窗牖，
衾冷泪潸苦思追。

2020 年 8 月 2 日

长沙一日游

虽然今天才国庆假期的第四天，但是孩子爸已经开始上班了，要自驾去长沙出差，我和儿子就搭上了顺风车，去看看已经很久没去过的省城。

我们的第一站是岳麓山风景区。经过长长的、散发着诱人香气的美食街，我们从南大门进景区，在大门口扫码预约后就可以出示预约成功的二维码通过闸机。登山有两种方式：步行或坐观景车。步行免费，坐观景车需要购买车票。儿子是不乐意爬山的，坐车成了唯一选项。来这里的游客非常多，从入园开始，在每个地方都需要排队买车票、上厕所、等观景车都要排很长的队。岳麓书院就在我们等观景车的地方，我们本来想先参观一下书院的，但是看到入口处已经排起九曲十八弯的长龙，瞬间失去了勇气。好不容易排队坐上观景车，却发现又是另外一个缺点：车速很快，除了两边迅速飞过的葱茏树木，看不到其他什么；中途还不能下车，只能一路坐到山顶。

我们下车后在山顶走了一圈，按照门票上的简易导览图找到了禹碑。这块碑据传是南宋时期的何致摹拓衡山岣嵝峰禹王碑文，共9行77字，字体形似蝌蚪，难以辨识。相传禹王碑上的文字是歌颂大禹治水的丰功伟绩，历朝历代都有人造亭护碑。我们现在看到的石亭不知道是何年何月建造的，三面安装了铁栏杆完全封闭起来，游客们只能隔着栏杆望碑兴叹。山顶上云遮雾绕，朦朦胧胧恍若仙境，若在平时，能在山里走一走，定是极好的清心之旅。奈何毛毛细雨从早到晚一直没停，虽然小，但是雨丝落下，附在衣服上、头发上，很快就感觉湿答答的。石板路面淋雨之后更是湿滑不易行走。观景车将一车又一车的游客源源不断地送至山顶，本来就不大的山顶广场很快就已经寸步难移了。

我们看完禹碑就排队坐车下山了。此时山下岳麓书院前的长龙不减反增，这么多的人进入这座千年学府，“打卡”的意味也许更胜于瞻仰之情。爱晚亭在书院不远处，已经被游客重重包围，没有一身武功，走到十米之内怕是也难。没有继续参观的念头，我们很快步行出了景区。此时已近中午，美食街人满为患，各个商铺前都是排队的长龙。我们在肯德基对付了一口午饭，然后搭乘地铁 4 号线转 1 号线再转 134 路公交车到达长沙生态动物园。

长沙生态动物园里分成了车行区和步行区两大块。在车行区，乘客坐在大巴车里，透过巨大玻璃窗可以比较近距离地看到狮、虎、豹等猛兽，还有食草区的羚羊、长颈鹿、河马等。车行区的猛兽看上去是半放养的状态，可以在较大范围内走动。我们在游览的时候，有一头东北虎突然闯入视野，离我们坐的大巴车大约就五六米的距离。它黄黑斑纹加身，闲庭信步，不怒自威，完全无视我们这些坐在巨大“铁箱子”里的人类。如此近距离地看到东北虎，我才真切地感受到什么叫作“虎虎生威”——它并不需要展示自己锋利的爪牙，光是在草地上随意地走几步就能放射出森林之王的威光。

大巴车在车行区开得很快，一圈很快就转完了。我们下车后转到步行区继续参观。步行区按照动物种类分成了狮虎长廊、豹馆、大熊猫馆（暂时没有大熊猫）、小熊猫馆、百鸟谷、鳄鱼馆、爬行动物馆、灵长类动物馆等。动物种类不是很多，但是要把所有馆都走一遍估计需要好几个小时的时间。我们只去了自己感兴趣的几个馆。在百鸟谷看火烈鸟和鹦鹉；在鳄鱼馆只看到一条鳄鱼，难道其他鳄鱼都开始冬眠了？灵长类动物馆是露天的，尽管贴了“禁止投喂”的标语，但是仍然有游客隔着网和护“园”河朝里面的猴群扔饼干、香蕉什么的，小猴子们特别机敏，一有食物落地立马就抢走了。

走走停停看看，不知不觉就五点多了，我们出了动物园，孩子爸没多久就下班过来和我们汇合，一起回家。

2020 年 10 月 4 日

写在 2020 年的最后一天

2020 年的最后一天，晚上七点的时候，一家三口都还在三个不同的地方：孩子爸去长沙出差还没有回来，我在单位参加茶话会，儿子一个人在家做作业。

晚上八点半，我回到家，打开电脑继续忙活工作。孩子爸十点左右终于到家了。一家三口总算聚齐，于是决定去海洋城逛逛，度过这个跨年之夜。到达海洋城之后，我们先去麦当劳，投喂还没有吃晚饭的爸爸，然后三个人就在海洋城瞎逛。看到一个射箭馆，儿子进去玩了一下，在教练的指导下，一次又一次地尝试，射出的箭离靶心越来越近了。

从射箭馆出来，外面似乎更冷了，寒风凛冽，扑在脸上冷得发疼，但是仍然浇灭不了我们闲逛的热情。我们又转去隔壁的万达，已经十一点半了，商场里看不到多少顾客了，各个店铺都在收摊准备打烊，我们只好匆匆出来。外面的广场上却挤满了人，都是三三两两挤在一块放孔明灯[①]的。我们三个好像以前都没有放过孔明灯，决定一试。于是在广场的小摊上买了一个，三个人各说了一个愿望，写在灯笼纸上：儿子写了身体健康、万事如意；我写了海晏河清、国泰民安；孩子爸写的是财运亨通、股票大涨。三个人研究了一下放灯的步骤，一步步操作下来，很快，原本瘪塌的

① 现许多地区禁止燃放孔明灯，有一定的危险性，请勿轻易模仿。当时作者所处地区未禁止燃放孔明灯。

灯笼渐渐膨胀，慢慢松开手，它果然带着我们的愿望飞上去了，朝着星辰明月，越飞越高。一开始我们还能分辨出哪个是我们放的，没几分钟，它已经遥远得只能看见一个小点，和其他人放的孔明灯一起融入夜幕里。

站在新年的门槛上，望着那些飘向远方的孔明灯，我不禁陷入了深深的思考。时间，这个无形的旅者，悄无声息地走过了 2020 年，带走了我们的欢笑与泪水，留下了无数珍贵的回忆。这一年，我们经历了太多的波折与挑战，也收获了无数的温暖与感动。而此刻，站在岁末的夜空下，我深刻感受到时间的珍贵与不可逆转。

回首这一年，孩子的成长、我们的努力，都在这一年里留下了深刻的印记。这些瞬间，虽然短暂，却构成了我们生命中最宝贵的财富。我开始意识到，时间是我们最宝贵的资源，而我们却常常在不经意间浪费它。我们总是忙于工作、忙于生活，却忘记了停下脚步，去珍惜身边的人和事。

新年的钟声即将敲响，望着夜空中那些飘向远方的孔明灯，我心中默默许下了一个愿望：愿我们在新的一年里，能更加珍惜时间，珍惜身边的人和事，让每一天都充满爱与希望。愿我们的生活，如同这些孔明灯一样，虽然面对未知的远方，但始终带着希望与梦想，勇敢地前行。我们团团而立，望着飘向天际星河的孔明灯，它们承载着无数人的期盼与祝愿，在夜空里织就出一片璀璨。

2020 年 12 月 31 日

资江冬韵

今天难得大家都有时间，吃过午饭，一家三口一点半出发去资江的沿江风光带散步。

冬季枯水期的河面不是很宽，静静流淌的河水清澈泛光，有几只野鸭子在河面戏水，还有勇敢的冬泳者在水里沉浮。远处码头停靠着一艘三层的客轮，再远一些的河面上泊着好几艘运煤的货轮，原本就不算宽的河面，现在被这些庞然大物霸占后更显逼仄。两边沿江的水泥人行道上，来散步、晒太阳的游人来来往往，隔江相望。从人行道走下去，穿过十几米的草坡就到了河边。河岸上到处都是形状、大小不一的鹅卵石，一直延伸到水里，光滑干净，衬得河水更清更亮了。

我们踩着河边的鹅卵石深一脚浅一脚地前行，目的地是前方河岸边的一座七层石塔。我们并不着急到达，孩子他爸拿着石块在水面打水漂，有时候石头能在水面上连跳四五下；儿子捡了合适的石头尝试，菜菜在一旁笑他每次都不成功。他一次又一次地把石头扔向水面，没有成功的话，他就冲着菜菜说“这是错误的示范”“这又是一次错误的示范”。偶尔石头在水面上跳了一下，他就说：“你看，这个就算是比较成功的示范了！”

之前水比较浅的地方在河水退却后露出了坑坑洼洼的河床，留下一个个水洼，里面还没有完全干涸，来不及跑路的田螺在河底泥巴上留下纵横交错的爬行轨迹，组合起来的纹路看上去像一个巨大的迷宫。我们捞了一些田螺准备拿回去给奶奶家的乌龟当零食。这个提议儿子虽然很是赞成，但是他自己却不敢动手，以为田螺会咬人。在爸爸的鼓励下，他才敢下手捞几个。

我们继续踩着鹅卵石摇摇晃晃、趺趺撞撞地前行，好不容易到了石塔，围着转了一圈。八方七层的石塔虽不像会龙山福林塔那样贵气雄伟，却自有一种古朴浑厚之感。此塔名为“三台塔”，清朝乾隆四十八年（1783 年）建成，后几经修复，现在已然成为省级重点文物保护单位。在离石塔不远的一块墙面上，我们读到了三台塔的这些历史，还有建造石塔的意义：一是锁龙镇妖，大概就是“宝塔镇河妖”的用意吧；二是使航行在江上的船只排筏，感受到千年益阳古城的“威武”。在三台塔斜对面的河岸上，还有一座斗魁塔与之遥遥相望。斗魁塔也建于清朝乾隆年间，以北斗魁星命名，寄托了益阳人对文运兴盛的期盼。其实两座塔在同治年间还有过一场博弈：资江北边的文人重修了快要坍塌的三台塔，以方便聚会吟诗作赋；然而资江南边的一位巨贾看不过去，认为北边修缮宝塔后把河妖赶到南边来了，于是他一人出资重修了斗魁塔，就是要斗一斗北边的文人墨客们。不管两座塔怎么隔空相斗，它们都是矗立在益阳东大门的两座地标，见证了两三百年来这座水乡的历史与变迁。

时间在悠然漫步中悄悄流逝，走走停停，一晃三个小时就过去了。冬日的暖阳渐渐西沉，余晖将我们的身影拉得长长的，映在河边枯黄的草地里。我们带着收获的田螺前往奶奶家喂乌龟，却没料到小家伙已经进入冬眠，对送到嘴边的美食毫无反应。于是田螺们就被养在了鱼缸里，给清冷的屋子增添了几分来自资江的野趣，仿佛也在延续着我们这趟冬日漫步的余韵。

2021 年 1 月 10 日

图书在版编目（CIP）数据

不惑以前 / 蔡凤著. -- 湘潭 : 湘潭大学出版社,
2025. 9. -- ISBN 978-7-5687-1834-9
Ⅰ. G642.0
中国国家版本馆 CIP 数据核字第 20251AR242 号

不惑以前

BUHUO YIQIAN

蔡凤 著

策划编辑：蔡林翰
责任编辑：蔡林翰
封面设计：张博雅
出版发行：湘潭大学出版社
社　　址：湖南省湘潭大学工程训练大楼
电　　话：0731-58298960 0731-58298966（传真）
邮　　编：411105
网　　址：http://press.xtu.edu.cn/
印　　刷：长沙印通印刷有限公司
经　　销：湖南省新华书店
开　　本：710 mm×1000 mm 1/16
印　　张：8
字　　数：168 千字
版　　次：2025 年 9 月第 1 版
印　　次：2025 年 9 月第 1 次印刷
书　　号：ISBN 978-7-5687-1834-9
定　　价：68.00 元